PATRICK LYNEN

Gemeinsam bist du mehr

Wie du mit Vertrauen (fast) alle Probleme löst und unwiderstehlich gelassen wirst

Illustrationen von Reiner Bergmann

KNAUR ✱
BALANCE

Dies ist kein therapeutisches Buch. Therapie ist nach dem Verständnis der Macher die Behandlung von Krankheiten. Dieses Buch versucht nur, Klärungen und Lösungen für Scharniermomente im Leben zu bieten. Die folgenden Seiten sind nicht dazu geeignet, gesundheitliche Störungen oder persönliche Probleme zu diagnostizieren oder zu behandeln. Der Autor und der Verlag übernehmen daher keine Haftung für Folgen jedweder Art, die sich direkt oder indirekt aus dem Lesen oder den Empfehlungen dieses Buches ergeben. In manchen Lebenssituationen kann es sinnvoll sein, sich professionelle therapeutische Hilfe zu holen. Hausärzte können in der Regel geeignete Fachleute wie Psychologen, Psychotherapeuten oder Neurologen empfehlen.

Besuchen Sie uns im Internet:
www.knaur-balance.de

© 2018 Knaur Verlag
Ein Imprint der Verlagsgruppe Droemer Knaur GmbH & Co. KG, München
Alle Rechte vorbehalten. Das Werk darf – auch teilweise – nur mit
Genehmigung des Verlags wiedergegeben werden.
Redaktion: Nayoma de Haen
Covergestaltung: ZERO Werbeagentur, München
Coverabbildung: Reiner Bergmann
Bildnachweis: Illustrationen von Reiner Bergmann; Fotos S. 10, 22, 154 privat
Satz: Adobe InDesign im Verlag
Druck und Bindung: Uhl, Radolfzell
ISBN 978-3-426-67562-5

5 4 3 2 1

Egal wie deine Frage lautet –
Liebe ist immer eine gute Antwort.

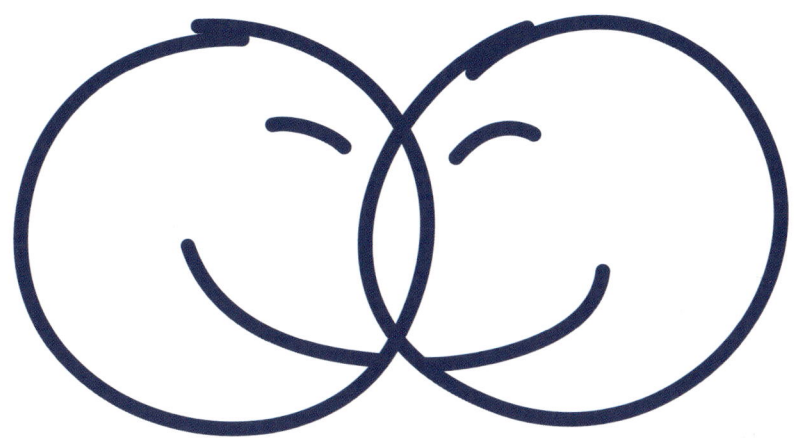

Für Alexandra.
Für Justus.
Für Laurenz.
Für Leon.
Für dich.

Inhalt

Wer Vertrauen hat, erlebt jeden Tag Wunder

Zwei Frösche fallen in einen Eimer voller Milch.
Der eine verzweifelt und ertrinkt.
Der andere strampelt und strampelt –
bis die Milch unter seinen Schwimmhäuten zu Butter wird.
Er springt erschöpft, aber quicklebendig heraus.

Herzlich willkommen!

Das Leben ist ein Geschenk. Und wenn wir nicht aufpassen wie ein Luchs, geht die Zeit dahin. Eine Woche, ein Monat, ein Jahr ist ziemlich schnell rum. Wir fragen uns dann: Himmel, wo ist die Zeit geblieben? Welche Weichen habe ich für mein Leben gestellt?

Alle unsere Handlungen – privat und im Job – fallen wie Tropfen in den Ozean unseres Lebens und erzeugen kleine Kreise, die sich manchmal zu größeren Wellen emporschwingen. Alles, was wir tun, erzeugt eine Wirkung, in unserem und dem Leben anderer Menschen. Wir senden und empfangen, wir säen und ernten.

In diesem Buch erzähle ich davon, wie wir Wellen des Vertrauens auslösen können, die uns in mehr Kontakt mit uns selbst und anderen bringen. Manchmal erzähle ich auch davon, wie wir diese Wellen leichter surfen können. An einigen Stellen werde ich von meinen persönlichen Erfahrungen rund um Vertrauen und Gemeinschaft erzählen, von Situationen, die ich oder andere Menschen genau so erlebt haben. Auf diese Weise können Sie verschiedene menschliche Handlungsmuster sozusagen »live« miterleben.

In einem ehrlichen Buch darf natürlich auch nicht fehlen, dass manchmal die Wellen über uns zusammenschlagen. Auch über mir. Trotz all der Erfahrung, die ich inzwischen angesammelt habe, stehe auch ich manchmal vor Herausforderungen und weiß nicht weiter. So ist das Leben. Ich bin seit 15 Jahren verheiratet und Vater von drei wunderbaren Söhnen. Ich habe als Radiomoderator und in vielen anderen Jobs in unzähligen Teams gearbeitet, begleite Menschen in Veränderungsprozessen, bin seit beinahe 15 Jahren Trainer und Coach. Und genau wie alle anderen Menschen scheitere ich hin und wieder und verzweifle an mir selbst und an meinen

Mitmenschen. Und finde wieder ins Vertrauen zurück. Wie das geht? Auch davon erzählt dieses Buch.

Machen Sie sich also auf ein ehrliches Buch gefasst, ohne Heilsversprechen. Ein Buch, das menschliche Muster schamlos offenlegt und mit sanfter Provokation den Finger in unsere Wunden legt – und gleichzeitig daran erinnert, wie schön das Leben sein kann, wenn wir andere Wege finden, mit uns selbst und anderen liebevoller umzugehen. Daraus kann Großes erwachsen, für uns selbst und unser Umfeld.

Darf ich?

Das Wörtchen »du« hat eine ganz besondere Kraft. Es schafft Verbindung und Nähe, wichtige Grundlagen für Vertrauen und Gemeinschaft. Deshalb möchte ich Ihnen an dieser Stelle das »Buch-Du« anbieten. Einverstanden?

Wenn Sie das Buch nach der letzten Seite zuschlagen, können Sie es natürlich gerne wieder zurückziehen … ☺

Ein Kaleidoskop

Okay, los geht's! In diesem Buch findest du ein Kaleidoskop von Erkenntnissen, Geschichten und Tipps zu den Themen Selbstvertrauen, Vertrauen und Gemeinschaft. Es geht um die Fragen:

- Wie entsteht Vertrauen, was fördert es, was schwächt es?
- Wie wirkt sich unser Denken aus, und was können wir daran ändern?
- Wie können wir durch die Art, wie wir miteinander sprechen und einander zuhören, Vertrauen und Gemeinschaft fördern?
- Was können wir tun, um in Freundschaft, Beruf und Partnerschaft zu mehr Vertrauen beizutragen?
- Wie können wir einander in unserem Wachstum und unserer Entwicklung unterstützen?

Hinzu kommen Hunderte von Vorschlägen und Einzelimpulsen zu den Themen Freundschaft, Liebe, Beziehung und vieles mehr! Wenn du dabei Appetit auf noch mehr bekommst, findest du auf meinem Radiosender www.dascoachingradio.de eine handverlesene Musikauswahl und zahlreiche weiterführende Gedanken, gesprochen von mir und meinen Kollegen Markus Kästle, Dorothee Krüger und Veit Lindau.

Das Büfett ist also mehr als reichhaltig gefüllt. Du musst daher nicht gleich am ersten Tag alles »aufessen«. Es kann sinnvoller sein, Erkenntnisse und Eindrücke erst einmal sacken zu lassen, bevor du dir die nächste Portion auf den Teller legst.

Und nun viel Freude mit den Gedanken in diesem Buch. Nimm dir einfach das, was dir schmeckt – und überlass den Rest den anderen.

Herzliche Grüße,

Wenn du lebst

Blicken wir auf unser bisheriges Leben zurück, können wir manchmal nicht verstehen, warum wir nun an dieser oder jener Stelle stehen. Das Leben rauscht vorbei, Tag für Tag. Alles scheint zu funktionieren, und dennoch ist da dieses merkwürdige Gefühl, nicht mehr in Resonanz zu sein. Es fühlt sich an, als säßen wir hinter unsichtbaren Gitterstäben, als hätten wir uns selbst im Eisfach vergessen.

Wenn wir zu lange im Angst-, Kontroll-, Leistungs- und Kampf-Modus leben, leidet unsere Seele. Unser Verhalten entwickelt dann zuweilen etwas Künstliches, wir agieren wie mittelmäßige Schauspieler, wie Puppen, die sich selber im Schaufenster ausstellen. Wir leben in Abgrenzung, doch wir lächeln – und kämpfen weiter. Wir warten auf »bessere Zeiten« oder den »richtigen Moment«, wir denken »würde«, »hätte«, »könnte«. Dabei sehnen wir uns nach nichts so sehr wie nach dem Gefühl der Freiheit, in dem wir wieder leuchten und in Beziehung gehen können.

Mit etwas Glück erkennen wir jedoch irgendwann, dass Einsamkeit und Isolation eine große Gnade in sich tragen: Sie motivieren uns zu einem Neuanfang, einer Öffnung, einer Bewegung hin zur Gemeinschaft. Wir können uns dann fragen: Was, wenn ich wieder lebe, dem Schicksal eins verpasse, mich mutig erhebe, den alten Weg verlasse und wieder von vorne beginne? Ich würde die Tür zu neuen Eindrücken öffnen, zu neuer Nähe und zu Intimität.

Gemeinschaft erleben geht nur, wenn wir Verletzlichkeit riskieren, ohne Gitterstäbe oder Ritterrüstung, wenn wir uns wahrhaft zeigen: »Hier bin ich! Manchmal einsam, auch mal ängstlich, verletzt, beschämt, ohnmächtig, schwach, klein, vielleicht sogar hilfsbedürftig, wütend oder traurig.

Das alles gibt es nur, wie der deutsche Musiker Johannes Oerding es in einem seiner Lieder so trefflich besingt, »wenn du lebst, wenn du über dunkle Schatten springst, die Zeit wieder zum Laufen bringst, wenn du lebst«.

Mut, Ehrlichkeit und Verletzlichkeit öffnen uns wie ein Geheimcode die Tür zu unserem eigenen Herzen. Unser Bewusstsein weitet sich und wächst über die bisherigen Grenzen hinaus. In diesem Moment sind wir FREI. Wir bringen wieder Erstaunen in das Alltägliche und Veränderungen in die Stagnation. Wir erfüllen angstvolle Räume mit Licht, Leben und Farbe. Und wir schenken uns die Kraft, uns selbst immer wieder neu zu erfinden, uns neu zu motivieren und darüber wieder selbst zu heilen. Und das führt uns dann zum Herzen eines passenden Partners oder neuen Freundes.

Herz öffnen – statt Kopf zerbrechen

September 2009. Wir sitzen gemeinsam beim Frühstück. Meine Frau kramt eine Zeitung hervor: »Ich hab da eine Anzeige gefunden. Lies mal – die ist unglaublich nett formuliert!«

Ein kurzer Blick auf die Annonce reicht mir, um Unheil zu wittern. »Bitte nicht auch noch einen Hund«, flehe ich. »Wir haben doch schon genug um die Ohren, die Kinder, den Garten, das Haus, unsere Jobs. Warum um Himmels willen sollten wir uns jetzt noch einen Hund ans Bein binden?!!!«

Doch meine Frau ließ sich nicht so leicht beirren. Auch dafür liebe ich sie. »Ach komm, wir fahren am Wochenende einfach mal da hin und schauen uns die Welpen an.«

»Solche Aktionen bringen doch nichts«, antworte ich und hoffe, dass sich das Thema von alleine erledigt. Falsch gedacht. Ein paar Tage später geht es weiter: »Ich bin da einfach mal hingefahren – das war total nett! Katjas Hunde haben nur einmal im Jahr Welpen. Und schau mal – so unglaublich süß sehen die aus.« Meiner Frau hält mir ihr Smartphone entgegen. Auf den Fotos sehe ich haarige Knäuel. »Die tragen alle unterschiedliche Bändchen, damit man sie unterscheiden kann.« Wow, das ist genau die Art von Gespräch, die ich jetzt unbedingt brauche, denke ich.

»Du hättest Leon [unseren Jüngsten] mal sehen sollen. Er hat schon eine ganz besondere Beziehung zu Ella entwickelt«, legt meine Frau nach. Und im Ton der um das Kindeswohl besorgten Mutter: »Das können wir ihm jetzt kaum noch ausreden.«

In mir regt sich massiver Widerstand. Klar, die Familie ist traditionell hundenärrisch – auch ich habe Hunde immer sehr geliebt. Doch in dieser

Phase meines Lebens brauche ich nun wirklich keinen Hund. Ich schweige. In manchen Situationen ist das die beste Taktik.

Tage vergehen. Meine Frau erzählt mir von einer weiteren Fahrt in die Eifel: »Willst du nicht auch mal mitkommen?«

In mir rührt sich der Stratege. Vielleicht gelingt es mir ja unterwegs, ihnen die Sache auszureden, hoffe ich. Also fahren wie ein paar Tage später wieder nach Blankenheim. Auf der Wiese laufen Hühner und Gänse herum. Wir gehen in den Wintergarten. Betont distanziert setze mich auf eine Bank und schaue mir das bunte Treiben aus sicherer Entfernung an. Die Hunde geben für eine Weile das Stück »Du interessierst mich nicht«. Rumsitzen ist jedoch auf Dauer nicht so mein Ding ist, also stehe ich nach einer Weile auf und laufe durch den Garten. Damit ziehe ich irgendwie das Interesse der Hundemutter auf mich. Sie kommt auf mich zu, die Fellknäuel im Gefolge.

Ich gebe mich desinteressiert und versuche damit meiner Familie deutlich zu machen, dass Hunde nicht so wichtig sind. Doch die Hunde schnüffeln an mir herum und atmen geräuschvoll das Aroma dessen ein, was sie da gerade entdeckt haben. Die kleine Ella hockt sich direkt vor meine Füße und fixiert mich mit ihrem Blick. Die Fellnase hypnotisiert mich beinahe – mit diesem perfiden Junge-Hunde-Schraubzwingen-Blick.

Na gut, denke ich, dann spiele ich das Spiel eben eine Weile mit. Wir schauen uns tief in die Augen. Plötzlich nehme ich in mir eine Anspannung wahr, die mir vorher gar nicht bewusst war. Ich gehe in die Hocke. »Weise und stark« sind die Worte, die mir von irgendwoher durch den Sinn gehen. »Du bist weise und stark.« Ella beginnt zärtlich, mein Hosenbein abzuschlecken. Ich senke den Kopf, bis sich unsere Nasen berühren. Wir beschnüffeln uns. Ich merke, ich mag sie riechen. Sie mich offensichtlich auch. Die Nähe scheint sich auf beiden Seiten richtig und gut anzufühlen, vertraut und besonders. Ich kann mir nicht helfen, aber ich muss zugeben, DIESER Hund könnte vielleicht doch zu uns passen.

Ella legt nun ihren kleinen Kopf auf meinen Fuß, als wolle sie mir signalisieren: Du bist okay. Dich habe ich ausgesucht. Während ich mit meiner aufsteigenden Rührung kämpfe, schnauft sie ein paar Mal schwer. Ich merke, dass ich meinen Gefühlen nichts entgegenzusetzen habe. Schließlich muss ich hier niemandem etwas beweisen, nicht mir, nicht meiner Familie, nicht diesem Hund. »Ella, wir sehen uns bald wieder«, sage ich und spreche dabei ihren Namen auf eine sanftmütige Weise aus, die mir bis heute nicht aus dem Kopf geht.

Auf der Heimfahrt kommen mir die Tränen, und ich erkenne: Ich habe vom Leben einen Moment der Berührung geschenkt bekommen. Ein Geschenk, das mein Herz geöffnet hat. Ich hatte im Gewusel des Alltags den Kontakt zu meinem Herzen verloren. Ella hat mich wieder mit meinen Gefühlen in Verbindung gebracht. Wie wunderbar ist doch die Welt, wenn ich sie durch mein Herz erlebe! Direkter, wärmer. Nicht durch die Interpretation meiner Gedanken gefiltert, sondern unvermittelt. Ich fühle mich wieder lebendig, herzberührt. Wie konnte ich nur daran zweifeln, dass ein Hund eine großartige Bereicherung meines Lebens wäre!

Das Gesetz
des Minimums

Justus von Liebig gehört zu den
Genies, die das Denken nachfolgen-
der Generationen nachhaltig geprägt
haben. Der Chemiker fand vor gut
200 Jahren heraus, dass sich das
Wachstum eines Lebewesens immer
nach dem Nährstoff richtet, von dem
am wenigsten vorhanden ist.

Fehlt also beispielsweise einer Pflanze Kalium, wird sie
nicht zu ihrer vollen Blüte kommen, selbst wenn andere
Stoffe wie Magnesium, Stickstoff oder Kalk im Überfluss
vorhanden sind. Er nannte es das Gesetz des Minimums.

Dieses Gesetz des Minimums gilt auch für unser inneres Wachstum.

Fehlt uns beispielsweise der Mut, uns selbst und anderen zu vertrauen, auch mal ohne Schutzhelm zu agieren, werden wir nicht zu unserer vollen Entfaltung kommen, selbst wenn andere Fähigkeiten wie Intelligenz oder Wissen im Überfluss vorhanden sind.

Unser persönliches Potenzial kann sich nur in dem Maße entfalten, wie wir mit uns selbst und unseren Mitmenschen in Verbindung und Austausch treten können. Wenn wir unsere einschränkenden Verhaltensmuster erkennen und verändern, können wir von der Angst in den Mut, vom Zweifel in die Öffnung, vom Misstrauen ins Vertrauen hineinwachsen.

Wir brauchen dafür nur ein wenig mehr Selbstvertrauen in die eigenen Fähigkeiten und ein daraus erwachsendes Vertrauen in das Leben. Woher nehmen und nicht stehlen? Davon handeln die kommenden Seiten.

Lächelnde leben länger

Hol doch mal deine Fotokiste heraus, und schau dir ein paar alte Bilder von dir an. Na, lächelst du darauf? Und wenn ja – wie? Es könnte mehr über deine Zukunft sagen als jede astrologische Prognose.

Der Österreicher Dr. Ernest Abel hat in einer Studie die Fotos amerikanischer Baseballspieler aus den 50er-Jahren untersucht und mit deren Lebenserwartung abgeglichen. Er stellte fest: Sportler, die auf den Fotos nicht lächelten, wurden im Schnitt 72,9 Jahre alt. Wer schwach lächelte, erreichte im Schnitt 75 Jahre, und die Spieler, die ein breites Lächeln zeigten, wurden 79,9 Jahre alt. Ein Zufall? Forscher der Universität Berkeley wollten es genauer wissen. Sie haben die Fotos von 100 Frauen aus dem Jahrbuch eines amerikanischen Colleges untersucht. Frauen, die auf den Fotos lächelten, waren auch 30 Jahre später sehr viel zufriedener, blieben seltener Single, und ihre Ehen hielten länger.

Nun kann man sich an dieser Stelle fragen: Was war zuerst da – Henne oder Ei, Zuversicht oder Glück? Die Wissenschaftler sagen: Vermutlich wirkt der Effekt in beide Richtungen. Sind wir zuversichtlich, beziehungsfreudig und optimistisch, erleben wir uns häufig als glücklich. Und empfinden wir Glück, dann stärkt es ganz erheblich unsere Zuversicht und unser Vertrauen in uns selbst und andere. Ein echtes Lächeln ist ein Ausdruck von Vertrauen. Und wer Vertrauen hat, lebt länger.

Jeden Tag malen wir uns zahllose Male aus, wie sich Situationen entfalten könnten, wie sich Begegnungen mit anderen Menschen gestalten werden. Bei jeder Begegnung mit deinen Mitmenschen wählst du bewusst oder unbewusst zwischen optimistisch und pessimistisch, zwischen engagiert und reduziert, zwischen gelb und grau. Durch eine bewusst gewählte Haltung kann aus Einsamkeit Gemeinsamkeit werden, aus Abgrenzung Wohlwollen, aus Misstrauen Vertrauen, aus Verurteilen Lieben, aus

Ablehnen Anerkennen, aus Trennen Verbinden, aus Verletzen Heilen. Du kannst dich in jeder Sekunde neu entscheiden: Wer will ich heute und an jedem weiteren Tag meines Lebens sein? Will ich mir selbst vertrauen – damit andere mir vertrauen? Will ich Freude in die Welt bringen oder Frust, will ich Frieden oder Krieg, will ich meine Welt bis zu meinem Tod bereichern oder ärmer machen?

Man sieht nur mit dem Herzen gut, schrieb Antoine de Saint-Exupéry in *Der kleine Prinz*. Und vielleicht würde er nach heutigem Stand der Forschung ergänzen: »Wer mit dem Herzen sieht, lebt und liebt länger!«

Der Lauf meines Lebens

Gastkapitel von Astrid Krügel, Berlin, www.rawrebell.de

Die *DIE RUNDE ECKE. Meine Geschichte. Live erzählt.* ist eine Fernsehsendung, in der Menschen von einer persönlichen Erfahrung erzählen. Es sind Menschen wie du und ich, die andere an besonderen Erlebnissen und Erkenntnissen teilhaben lassen. Die Zuschauer nehmen dabei immer etwas für sich persönlich mit. Ich nenne es »Crowd-Learning«. Da es bei vielen dieser Geschichten um Vertrauen geht, habe ich ein paar Teilnehmer eingeladen, für dieses Buch »Gastkapitel« zu schreiben. Hier kommt das erste von Astrid Krügel:

Meine Geschichte geht so: Im Jahr 2003 wog ich mit meinen 167 Zentimetern Körpergröße über 115 Kilogramm. Irgendetwas stimmte in meinem Leben schon seit Langem nicht mehr. Ich war todunglücklich damit, wie ich aussah. Ein kleiner Pickel konnte meinen Tag zerstören – und der Blick an mir herunter erst recht. In meinem Inneren gab ein düsteres Zimmer, dessen Türe fest verriegelt war. In diesem Raum dämmerte meine halb tote Seele vor sich hin. Ich hatte das alles in mich hineingefressen, immer tiefer in mich hineingestopft. Ich konnte meine eigenen Lügen nicht mehr ertragen: »Ab morgen ändere ich was. Ab Montag. Ab nächstem Monat. Ab meinem Geburtstag. Ab Neujahr ...« Du kennst das vielleicht. Du legst dich abends ins Bett, und wieder hast du es nicht geschafft. Du hast es wieder nicht geschafft, deinem Leben den Neustart zu geben, den es so dringend braucht.

Ich war damals 34 Jahre alt und hatte einen Blutdruck von 220/110. Ich bewegte mich nur noch, wenn es unbedingt sein musste. Ich fühlte mich mutterseelenallein, unendlich fett. Ohne Selbstachtung, ohne einen Funken von Tatkraft. Nur über das stetige Essen konnte ich mich in meiner Ohnmacht überhaupt noch spüren. Ich aß und aß, ohne zu wissen, was mir überhaupt fehlte. Ich rauchte, lag herum, trank, verwechselte Wein mit Wasser. Die Lethargie und der Schmerz wurden zur Normalität.

Manchmal braucht es im Leben so etwas wie eine große kosmische Bratpfanne, die einem mit voller Wucht auf die Mütze haut, damit man endlich aus seinem Albtraum aufwacht. Meine Bratpfanne schlug im Ostseeurlaub zu. Sonne, Strand und Meer. Freunde und Familie ritten vergnügt auf einer »Fun-Banane«, die von einem Boot über die sich kräuselnden Ostseewellen gezogen wurde. Als ich an die Reihe kam, schlug das Desaster zu. Mit meinen gerade mal 34 Jahren schaffte ich es NICHT, auf diese verdammte »Banane« zu steigen. Ich ächzte, ich rutschte, ich fluchte – es war mir offenbar nicht mehr möglich, am Leben meiner eigenen Familie teilzuhaben. Der Bootsführer lachte höhnisch. Ich sank – sinnbildlich – auf den Grund des Meeres. Am liebsten wäre ich dort für immer geblieben. Doch ich rang nach Luft und lief zurück an den Strand.

Sie hatte mich voll erwischt, die kosmische Bratpfanne. Und sie legte einen verborgenen, mächtigen Schalter in mir um. Die Kränkung durch den Bootsführer setzte etwas in mir in Bewegung. Diese Unverschämtheit, dieses brachiale Feedback eines mir Unbekannten, ließ mich endlich aus meinem Kilo-Koma aufwachen.

Am gleichen Abend eröffnete ich meiner Familie, dass ich noch vor meinem 40. Geburtstag meinen ersten Berlin-Marathon laufen würde. Sie kamen vor lauter Lachen nicht mehr in den Schlaf. Beim Frühstück lachten sie immer noch – über die dicke Frau mit ihren 167 Zentimetern. So übergewichtig, dass man ein Whiskey-Glas auf ihrem Hintern abstellen konnte, auf der dicken Frau, die bei der kleinsten Anstrengung pumpte wie ein Maikäfer.

Um dich nicht länger auf die Folter zu spannen: Ich lief ihn, den Lauf meines Lebens. Am 28.09.2008 überquerte ich die Ziellinie hinter dem Brandenburger Tor. Nach exakt 42,195 Kilometern. Wow. Beim Gedanken daran kommen mir immer noch die Tränen. Drei Monate vor meinem 40. Geburtstag hatte ich es geschafft. In diesem Moment begann mein neues Leben. Es war ein harter und kräftezehrender Weg, doch ich war dabei nicht allein. Ich habe einfach nur mein dunkles Zimmer aufgeschlossen – und da waren Menschen. Sie nahmen mich in die Arme und schenkten mir neue Hoffnung. Und ich ließ all diejenigen hinter mir, die mir dieses Gefühl nie gegeben hatten.

Bald laufe ich meinen siebten Marathon, mit einem Gewicht von mittlerweile 63 Kilo. Ich fühle mich besser denn je. Und wenn ich irgendwann noch mal vom Weg abkommen sollte, dann finde ich mich wieder. Denn jetzt weiß ich ja, wie es geht. Der Weg zur inneren Balance kann damit anfangen, dass jemand dir einen Anstoß gibt, dass dich jemand ärgert. Damit du vielleicht verstehst, was du zu lange nicht verstanden hast.

Am liebsten würde ich mich auf den Kirchturm hier um die Ecke stellen und schreien: Ich habe es geschafft – in purem Vertrauen in mich, das Leben und andere Menschen. Und wenn ich es geschafft habe, dann kann es jeder schaffen.

Eigentlich wäre meine Geschichte hier zu Ende. Doch ich möchte noch etwas loswerden: Mein Körper ist nicht von alleine dick geworden, sondern durch mein Verhalten. In unserem Körper spiegeln sich unsere ungelösten Themen wider. Süchte wie Trinken, Rauchen und Essen haben viel mit unserer Suche nach Geborgenheit, Sicherheit und Vertrauen zu tun. Das ständige Essen, Trinken oder Rauchen ist nach Ansicht vieler Psychologen auf einer tieferen Ebene ein Zeichen für die Sehnsucht nach dem kindlichen Gefüttert-Werden. Übermäßiges Essen, Trinken und Konsumieren ist ein Ausdruck für das emotionale Bedürfnis nach Zuwendung, Gemeinschaft und Kollektiv.

Ein Video von Astrid und ihrer bewegenden Geschichte findest du bei YouTube unter »Die Runde Ecke: Vom Moppel zum Marathon«. http://bit.ly/2tDVC0g

Namen prägen

Wenn ein Mitglied ihrer Gemeinschaft es nicht schafft, sich aus seiner Verzweiflung zu befreien, greifen manche indigene Gesellschaften bis heute zu einem drastischen, aber altbewährten Mittel: Sie geben der Person einen neuen Namen – und damit die Chance auf eine neue Identität. Aus »Einsamer Bär« kann dann beispielsweise »Lustiger Bär« werden. Alle Mitglieder des Stammes orientieren sich daran, und der Betroffene hat die Gelegenheit, jemand ganz anderes zu werden.

Auch ich habe diese Chance vor über 30 Jahren ergriffen und meinen Namen geändert. Aus Detlef Wilhelm Lynen wurde Patrick Lynen. Mein damaliger Chef in Luxemburg hat diese Entscheidung angestoßen, als er beim Vorstellungsgespräch sagte: »Detlef? Der Name passt irgendwie nicht zu dir. Außerdem haben wir schon einen anderen Detlef im Team.« Ich sollte mir einen neuen Vornamen suchen. Was mir im ersten Moment ein bizarrer Gedanke zu sein schien, entfaltete in der Folge eine ungeahnte Kraft. In gewisser Weise veränderte ich über diesen zentralen Aspekt meiner Identität die alte Geschichte, die ich mir immer und wieder selbst erzählte, die Geschichte eines zweifelnden Menschen, dem das Selbstvertrauen fehlte – und damit das Vertrauen ins Leben. Mit meiner neuen Identität konnte ich alte Denkmuster wie »Ob ich das wohl schaffe?« oder »Die Welt dort draußen ist gefährlich« für eine Weile ausblenden, auf Dauer sogar überschreiben. Detlef Wilhelm wagte den Schritt und wurde zu Patrick. Welche Folgen das hatte, das erzähle ich dir im folgenden Kapitel.

Zurück ins Leben

Ich wurde als ein Kind der Arbeiterklasse geboren. Mein Vater war ein fleißiger, herzlicher und gut aussehender Mann, meine Mutter eine pragmatische, lebensfrohe und schöne Frau. Doch die späte Schwangerschaft im Alter von über 40 Jahren hatte meiner Mutter mächtig zugesetzt. Als ich zwei Jahre alt war, machten wir deshalb eine Mutter-Kind-Kur. Damals hatte man beim Deutschen Roten Kreuz die eigenwillige Idee, dass sich Mütter besser erholen könnten, wenn man ihnen die Kinder für eine gewisse Zeit wegnimmt. So brachte man uns Kinder eine Woche lang in einem weit entfernten Gebäudeteil der Kurklinik unter, und die Mütter durften uns eine Woche lang nicht sehen. Ein Therapie-Ansatz, der sich glücklicherweise nicht durchgesetzt hat. Denn natürlich litten Mütter und Kinder gleichermaßen unter dieser Trennung. Was auch immer auf der Kinderstation passiert sein mag: Nach sieben Tagen kam ich abgemagert, verzweifelt und verängstigt zu meiner Mutter zurück. Aus dem fröhlichen kleinen Jungen war in nur einer Woche ein Häufchen Elend geworden.

Die Skepsis und das Misstrauen, die ich daraufhin in mir trug, führten in den folgenden Jahren dazu, dass ich mich immer mehr zurückzog. Mein Urvertrauen war erschüttert worden, ich wurde übervorsichtig, und meine Kontakte mit anderen Kindern gestalteten sich schwierig. Einerseits sehnte ich mich so sehr nach Verbindung und Austausch, andererseits war ich voller Zweifel, wem ich trauen konnte.

Erst Jahre später fand ich mein Selbstvertrauen allmählich wieder. In meinem Job als Radiomoderator konnte ich endlich all das aussprechen, was wie ein wabernder Energieball in mir festsaß und bis dahin keinen Ausdruck gefunden hatte. Stück für Stück gelang es mir, mich wieder dem Leben zu öffnen.

Allerdings zunächst nur im Studio. Dort schaffte ich es, mich in einem neuen, lebendigen Kosmos der Kommunikation zu entfalten, doch im wahren Leben litt ich nach wie vor unter Minderwertigkeitsgefühlen und verhielt mich entsprechend unsicher und voller Selbstzweifel. Die Menschen außerhalb der Studiomauern spiegelten mir das.

Doch es hatte sich eine Tür geöffnet. Irgendwann schaffte ich es, das Selbstvertrauen, welches Patrick im Studio entwickelte, auch außerhalb des Senders zu leben. Der neue Name hatte mir die Brücke gebaut, mich wieder dem Leben zu öffnen.

Die Elefantenschnur

Als ich elf Jahre alt war, standen eines Tages zwischen den Gleisen hinter unserem Haus in Würselen plötzlich bunt bemalte Lastwagen mit der Aufschrift »Zirkus«. Das bunte Treiben zwischen den Zirkuszelten, die exotischen Tiere und Menschen, die ein höchst interessantes Leben führten, faszinierten mich. Nach ein paar Tagen lernte ich Alfons und Sonny Frank kennen, die Söhne der Zirkusfamilie, und verbrachte fortan jede freie Minute bei ihnen.

Eines Abends wurde ich Zeuge eines für mich bedeutenden Ereignisses. Tibor, der indische Zirkuselefant, wurde aus seinem Transportwagen in den alten Lokschuppen gebracht. Das ausgewachsene Tier stellte seine sechs Tonnen Gewicht und seine enorme Größe zur Schau, indem es mit den Vorderbeinen in die Höhe stieg und mit einem lauten Stampfen und Trompeten wieder aufkam. Es war so laut, dass selbst Sonny beindruckt war.

Nach dieser kurzen Vorstellung wurde Tibor in den Lokschuppen geführt und dort mit einem dicken Tau angebunden. Ich wunderte mich darüber, denn ich war überzeugt, dass dieser Riese so ein Tau ohne große Mühe durchreißen konnte. Doch Tibor tat es nicht. Nicht an diesem Tag, nicht am nächsten, nicht in den folgenden Wochen. Dieser Gedanke ließ mich nicht mehr los. Was hielt ihn zurück? Warum befreite er sich nicht und lief durch den riesigen Lokschuppen oder wo auch immer er hinwollte? Warum stand er wie festgeklebt auf der Stelle und wiegte sich stundenlang von einem Bein auf das andere?

Ich fragte alle Leute in meinem Umfeld. Mein bester Freund Udo meinte, dass der Elefant vielleicht zu dumm sei, um sich loszureißen, doch ich war mir sicher, dass Elefanten sehr intelligente Tiere sind. Mein Vater erklärte mir, der Elefant mache sich nicht aus dem Staub, weil er darauf dressiert sei. Diese Erklärung erschien mir schlüssiger. Und nach einer Weile vergaß ich das Thema.

Einige Jahre später begriff ich jedoch, dass der Elefant sich nicht losriss, weil er schon so lange daran gewöhnt war, festgebunden zu sein. Ich stellte mir vor, dass er als Elefantenbaby vielleicht tagelang versucht hat, die Leine loszuwerden, und irgendwann erschöpft aufgegeben hat. Diese Ohnmachtserfahrung muss sich tief in sein Gedächtnis eingebrannt haben. So tief, dass er diese Erinnerung nie wieder ernsthaft hinterfragt und seine gigantische Kraft nie wieder auf die Probe gestellt hat.

Noch heute denke ich oft an Tibor. Jeder von uns ist manchmal angebunden. Mangelndes Vertrauen in uns selbst bremst uns aus. Wir glauben, viele Dinge nicht zu können, bloß weil wir sie ein einziges Mal, vor langer Zeit ausprobiert haben und gescheitert sind. Wir glauben, nicht auf unsere Fähigkeiten vertrauen zu können, weil wir vom Leben bitter enttäuscht wurden. Wir verhalten uns wie der Elefant: Wir geben auf und bewegen uns in der Welt, als wären wir angebunden.

Tatsächlich haben wir jedoch die Freiheit, unser Verhalten, unsere Art zu leben und zu denken zu hinterfragen. Wir haben die Möglichkeit, all das wiederzufinden, was uns als Menschen wichtig ist: Lebendigkeit, Mut, Gemeinschaft und ein pulsierender Kontakt in die Welt. Und wann ist der beste Zeitpunkt dafür? Immer JETZT.

Hanteltraining

Ich habe dir ein ehrliches Buch versprochen, und deswegen möchte ich nicht unterschlagen, dass ich sehr oft mit der Welt und Gott gehadert habe. Immer wieder habe ich mich gefragt: »Hey, muss es denn so schwer sein? Wie konnte mich dieser Mensch derart enttäuschen? Warum habe ich meinen Job verloren? Welchen Sinn soll es haben, wenn unter mir alles wegbricht? Herrgott noch mal, warum muss ich so lange auf glühenden Kohlen tanzen, bis meine Füße Blasen schlagen?«

Heute sage ich: Es hat einen Sinn. Ich wäre nicht der Mensch geworden, der ich bin, wenn ich nicht auch diese Erfahrungen gemacht hätte. Sämtliche Krisen, Schwierigkeiten und Enttäuschungen haben mich durchgerüttelt. Sie haben mich aufgefordert: Los, geh weiter, wage, tanze, wachse. Wie in einer geistigen Muckibude wurden mir Gewichte auferlegt, von wem oder was auch immer, damit ich trainiere und an den Gewichten wachse. Irgendwann habe ich verstanden, dass ich immer nur die Hanteln geschenkt bekomme, die ich zum jeweiligen Zeitpunkt bewältigen kann.

Wir brauchen diese Aufgaben, um zu wachsen. Wenn alles immer nur easy wäre, würden wir uns nicht weiterentwickeln. Das Leben hilft uns damit, unseren eigenen Weg zu finden. Wenn wir unseren Weg zu weit verlassen haben, werden wir dann plötzlich »entlassen« – aus Freundschaften, aus der Routine, der Gewohnheit, aus der vermeintlichen Sicherheit, aus Arbeitsverhältnissen, aus Beziehungen. Dann bleibt uns gar nichts anderes übrig, als einen neuen Weg zu finden. Können wir das akzeptieren und vertrauensvoll vorangehen? Wenn ja, offenbart sich die nächste Stufe.

Meiner Erfahrung nach steckt auch in den schwierigsten Situationen ein Sinn. Wir dürfen darauf vertrauen, dass da jemand ist, der uns Aufgaben schickt – der uns aber auch in finsteren Stunden unseres Lebens begleitet und beschützt. Dieses Vertrauen ist ein zentrales Element jeder mutigen Reise. Wie heißt es in einem Johann Wolfgang von Goethe zugeschriebenen Text so treffend: »In dem Augenblick, in dem man sich unumstößlich verpflichtet, tritt auch die Vorsehung in Erscheinung.« Und er ergänzt: »Alle möglichen Dinge ereignen sich, um einem zu helfen, die sich anderweitig niemals ereignet hätten. Ein ganzer Strom von Geschehnissen entfließt der Entscheidung, beschwört alle möglichen unvorhergesehenen Vorkommnisse, Zusammentreffen und materielle Hilfe zum eigenen Vorteil herauf, wovon keiner sich hätte träumen lassen, dass ihm das je geschehen würde.«

Die Achillesferse

Was hindert uns daran, mutig ins Vertrauen zu gehen? Die Angst, an unseren verletzlichen Stellen verwundet zu werden, an unserer sogenannten Achillesferse. In der griechischen Mythologie war die rechte Ferse die einzige Stelle, an welcher der unbesiegbare Held Achilleus verwundbar war. Jeder von uns hat eine solche Achillesferse. Eine empfindliche Stelle, an der wir auf keinen Fall berührt werden wollen. Eine emotionale Erfahrung, die uns in Angst, Zweifel und Verunsicherung stürzt. Meine Achillesferse ist beispielsweise die Angst vor großer Enttäuschung oder vor Verarmung. Ich fürchte jeglichen Kontroll- oder Autonomieverlust. Ich weiß, dass diese Ängste ihren Ursprung in meinen Kindheitserfah-

rungen haben, dass sie aus unwirklichen Grübelkaskaden entstehen, doch wenn ich nicht aufpasse wie ein Luchs, spüre ich meine Achillesferse jeden Tag. Dann misstraue ich fremden Menschen, fürchte mich vor Betrug, zweifle am Guten, grenze mich ab.

Ja, um unsere Achillesferse nicht zu spüren, misstrauen wir und grenzen uns ab. Wir schieben unsere Sehnsucht nach Leben, nach Vertrauen und Gemeinschaft beiseite und lassen uns stattdessen lieber vom schnellen »Kick« durch Internet, Fernsehen und dergleichen ablenken. Wir richten uns in einer virtuellen Welt ein, statt uns dem Leben hinzugeben.

Kennst du deine Achillesferse? Was ist deine größte Angst?
Und was tust du, um diese Angst nicht zu spüren?
Was könnte dir helfen, Mut zu fassen, dich deinen Ängsten zu stellen und dich gelegentlich zu fragen:

»Warum sollte das nicht gehen?«
»Was könnte im schlimmsten Fall passieren?«
»Was wären die schlimmsten Konsequenzen meiner mutigen Entscheidung?«

Hinterher merkst du dann vielleicht, dass die Ängste, die uns beherrschen, meistens vor allem eins sind: eine große Illusion.

Mutausbrüche!

Am 1. Dezember 1955 stieg Rosa Parks aus Montgomery (Alabama) in den Bus Nr. 2857, um nach Hause zu fahren. Wie so oft war der hintere Teil des Busses mit den Sitzplätzen für Afroamerikaner voll belegt, daher setzte sie sich auf einen leeren Platz in den mittleren Reihen, die bei Bedarf für Weiße freizugeben waren. Kurz darauf verlangte ein weißer Fahrgast, sie möge doch bitte in den »schwarzen Teil« des Busses wechseln. Rosa sah das nicht ein und blieb sitzen.

Von diesem Moment an gewann die Geschichte an Dynamik. Der Busfahrer rief die Polizei und erstattete Anzeige. Rosa verweigerte die Zahlung, die Sache ging vor Gericht. Wegen Störung der öffentlichen Ordnung wurde Rosa zu einer Geldstrafe in Höhe von 14 Dollar verurteilt. Die schwarze Bevölkerung reagierte auf ihre Verhaftung mit einem Busboykott, in dessen Verlauf der bis dahin noch relativ unbekannte Baptistenprediger Martin Luther King ins Rampenlicht der Öffentlichkeit trat. Sein rhetorisches Talent entzündete eine Kettenreaktion.

Hunderttausende schlossen sich im Verlauf der kommenden Jahre den Protesten an und demonstrierten für das Recht auf Gleichberechtigung. Die Politiker reagierten und hoben 1964 im Civil Rights Act die Rassentrennung auf.

Vermutlich hätten nur wenige von uns den Mut gehabt, in jenem Bus auf ihrem Platz standzuhalten. Wir können nicht alle so standhaft und charismatisch sein wie Rosa Parks und Martin Luther King. Einerseits. Anderseits hat jeder von uns Möglichkeiten, eine ganze Menge zu bewegen. Doch wir trauen uns oft nicht. Die meisten Menschen bevorzugen ein Leben mit wenig Risiko. Sie richten sich mit »souveränem Abstand« zu Konflikten, Gefahren und ihrer eigenen Achillesferse ein. Dann gibt es keine Überraschungen und eine gewisse Planbarkeit. Je älter wir werden, desto mehr neigen wir zu dieser Haltung. Vielleicht sehnen wir uns insgeheim nach Inspiration, pulsierender Gemeinschaft, neuen Herausforderungen und spannenden Aufgaben – doch wir finden gleichzeitig Hunderte von Gründen, die Entscheidung hinauszuschieben. Ja, klar – wir würden uns schon gerne wie ein Adler in die Lüfte erheben und das Leben in freudvoller Faszination genießen, aber wer weiß, ob das gut gehen wird … Wir hätten dafür gerne eine Vollkaskoversicherung, die es natürlich nicht gibt.

Schau dir dein bisheriges Leben doch bitte mal kurz im Zeitraffer an. Du wirst vermutlich feststellen, dass es meist Offenheit für das Leben war, die dich glücklich und zufrieden gemacht hat. Du hast dem Unbekannten eine Chance gegeben, ohne dir sicher sein zu können, ob es gut wird oder schlecht wird. Der erste Schultag, der erste Kuss, der erste Wagen, die erste Fahrt in den Süden, die erste Wohnung, die neue Lehrstelle, die Studienzeit, der erste Arbeitsplatz. Lauter kleine und große Mutausbrüche, bei denen du dich dem Leben geöffnet und anderen Menschen anvertraut hast.

Wenn nicht jetzt, wann dann?

Als Zivildienstleistender habe ich im Knappschaftskrankenhaus Würselen bei Aachen Josephine kennengelernt, eine liebenswerte alte Dame, die damals dort Patientin war. Sie erzählte mir oft von ihrem »Geheimnis«, ihrer großen Liebe zu Mason, und wie sie den gut aussehenden GI im Januar 1945 kennen- und lieben gelernt hatte. Sie wäre nach der Besatzungszeit so gerne an seiner Seite mit nach Kalifornien gegangen – doch sie tat es nicht. Es machte ihr zu viel Angst. Stattdessen entschied sie sich für ein lauwarmes Leben. Sie heiratete einen anderen Mann, für den sie niemals so starke Gefühle hatte. Am Ende ihres Lebens bereute sie ihre Entscheidung immer noch. Sie war davon überzeugt, das Leben ihrer Eltern kopiert zu haben, obwohl es sie nie begeistert hatte. Josephine sagte mehrfach zu mir: »Ich war ein Feigling.«

In Seminaren erzähle ich gerne Josephines Geschichte und frage dann die Teilnehmer, an welcher Stelle ihrer Lebensspanne sie sich zum gegenwärtigen Zeitpunkt einordnen würden. In einer Zeichnung sollen sie für sich markieren, wie viel Zeit ihres Lebens schon vergangen ist. Zwei schwarze Striche markieren dabei die Geburt und das vermutete Ende eines Lebens. Und der gelbe Strich – irgendwo dazwischen – steht für den heutigen Tag.

Meistens erlebe ich bei der Auswertung erstaunte Gesichter. Die Teilnehmer sagen dann Sätze wie »Oh Gott, was mache ich eigentlich mit meinem Leben?«, »Über die Hälfte meiner Zeit ist rum« und »Ich will jetzt endlich mal was für mich tun«.

Die meisten Menschen ignorieren die unabänderliche Tatsache, dass sie sterblich sind. Die bewusste Betrachtung unserer Endlichkeit kann uns motivieren, uns selbst und anderen wieder ein wenig mehr zu vertrauen, uns zu öffnen und das Leben wieder wertzuschätzen.

Geheimnisse

Im November 2004 startete der US-Amerikaner Frank Warren ein spannendes Projekt. Er bedruckte 3500 Postkarten mit der Botschaft: »Haben Sie ein Geheimnis, das Sie noch niemandem anvertraut haben?«, und forderte die Menschen auf: »Verraten Sie mir Ihr Geheimnis, ganz anonym!«

Wenige Wochen später stapelten sich auf seinem Schreibtisch bereits Hunderte Postkarten aus der ganzen Welt. Mittlerweile schicken ihm die Menschen jede Woche Tausende Briefe, Päckchen oder Videos – aus den USA, aus Deutschland, aus Frankreich, aus dem Irak. Frank hat seitdem ein echtes Platz- und Logistikproblem. In seinem Haus und auf seinem Rechner stapeln sich über eine Million Geheimnisse und verdrängte Wünsche, viele davon veröffentlicht er anonym auf www.postsecret.com. Manche klingen sehnsüchtig (»Ich habe ihm nie gesagt, dass ich ihn liebe«). Andere zeigen große Verletzlichkeit (»Ich halte meine Behinderung geheim«) oder offenbaren große Ängste (»Ich kann nicht auf Frauen zugehen«). Manche Geheimnisse beschäftigen ihre Besitzer schon seit Jahren (»Meine Frau weiß nicht, dass ich in der Psychiatrie war«). Und wieder andere sind unglaublich berührend (»Ich würde so gerne einmal so richtig verliebt sein, aber ich schaffe es nicht«).

Wir alle haben unsere Geheimnisse. Etwa 13 sind es im Durchschnitt, sagen die Wissenschaftler. Frank wusste um die Bedeutung persönlicher Geheimnisse, denn er hatte über Jahre ehrenamtlich für die Telefonseelsorge gearbeitet. Er hatte verstanden, dass Menschen ihn bei seinen Nachtschichten immer erst dann anriefen, wenn ihr seelisches Überlaufbecken nach vielen Jahren restlos voll war, wenn sie zu lange ihre Gefühle unterdrückt hatten, weil sie sich anderen Menschen nicht anvertrauen wollten.

Einander unsere Geheimnisse anzuvertrauen schafft Verbindung. Gibt es etwas, was du noch nie jemandem anvertraut hast? Überlege doch mal, wem du zutraust, dir mit Wärme und Freundlichkeit zuzuhören. Und dann wage es!

Adios, Angst – Bonjour, Leben
Gastkapitel von Mischa Miltenberger

Ein Hasenfuß ohne Vertrauen ins Leben. Das war ich. Ein Mensch, der im Kino in der letzten Reihe rechts saß. Volle Kontrolle. Immer auf Fluchtposition. Ein Mensch, der schon Panik bekam, wenn er sich bei Wanderungen, Radfahrten oder Übernachtungen einen Kilometer von der Zivilisation entfernt hatte. Ein Mensch, der alles minutiös plante und Überraschungen hasste.

Ich hatte Angst. Angst vor dem Leben. Angst vor mir selbst. Angst, dass diese grässliche Angst nie mehr verschwindet. Ich konnte nicht mehr mit anderen Menschen essen, weil ich so zitterte. Ich traute mich nicht mehr in den zweiten Stock, weil ich solche Höhenangst hatte. Ich versuchte jahrelang, meine Ängste durch Alkohol und Psychopharmaka in den Griff zu kriegen. Doch es ging mir immer schlechter und schlechter.

Irgendwann bin ich dann zusammengebrochen. Am schlimmsten Tag meines Lebens. Mein Körper signalisierte mir: Ich kann nicht mehr kämpfen. Entweder du gibst ganz auf und verschwindest von dieser Erde. Oder du änderst etwas. Jetzt.

In diesem Moment bin ich aufgewacht. Ich habe mich gefragt: Was würde passieren, wenn ich darauf vertraue, dass ich mein Leben ganz alleine hinbekomme? Wenn es niemanden anderen mehr gibt, den ich für meine Angst und mein Leid verantwortlich machen kann?

Ich habe mich dann endlich getraut, in eine Klinik zu gehen und mir helfen zu lassen. Ein Gedanke, der mich noch Tage zuvor zu Tode geängstigt hatte.

Dem Pfad des Vertrauens zu folgen heißt, in Vorleistung zu gehen. »Du kannst dem Universum so weit vertrauen, wie du dem Universum vertrauen kannst«, habe ich einmal gehört. Nichts drückt das besser aus.

Dem Pfad des Vertrauens zu folgen heißt, immer wieder die Kontrolle abzugeben, auch wenn sich innerlich alles in dir sträubt. Sich auf Dinge einzulassen, die man in diesem Moment noch nicht erklären kann. Fest an die Menschen zu glauben, selbst wenn in vielen Momenten nichts dafür zu sprechen scheint. Gerade dann gilt es, noch konsequenter zu vertrauen, zu vertrauen, zu vertrauen. Die Dinge mit Liebe statt mit Angst anzugehen. Sich hineinzustürzen in das Wunder des Lebens und alles zu akzeptieren, was dabei passiert. Weil Leben eben nur mit Vertrauen und Liebe funktioniert – nicht mit Kontrolle und Angst.

Nach dem Klinikaufenthalt habe ich dann meinen Job gekündigt und bin ein halbes Jahr mit einem VW-Bus durch Europa gefahren. Allein. Obwohl ich mich vorher nicht mal mehr auf die Autobahn getraut hatte. Ich habe angefangen, Sport zu treiben, und ich habe einen Blog gegründet, wo ich erzähle, wie ich mit meinen Ängsten umgehe, um anderen Mut zu machen. Um ihnen zu zeigen, es steht kein »lebenslänglich« auf der Diagnose Angst oder Depression.

Ich habe vertraut. Auch wenn ich nicht wusste, auf welche Weise ich wieder Geld verdienen werde, wie die Menschen um mich herum reagieren werden, wie ich ohne all diese Psychopharmaka und Medikamente überhaupt leben kann.

Heute weiß ich: Mut ist Angst + ein Schritt.

Videotipp: Unter diesem Link kannst du dir Mischas Geschichte auch bei YouTube ansehen (»Die Runde Ecke: Meine allergrößte Angst ist dieser Auftritt – kein Witz«):

http://bit.ly/2sUyidF
www.adios-angst.de

Spring in den Abgrund –
und du wirst fliegen

Wage es und spring!
Du kannst fliegen,
sprach Apollo,
der Gott des Lichts, der Heilung und des Frühlings.

Spring in den Abgrund,
lass die Lüfte von vorne wehen,
dich sanft von den Winden tragen.

Spring in den Abgrund,
und du wirst fliegen,
sprach Apollo,
der Gott des Lichts, der Heilung und des Frühlings.

Breite die Flügel aus,
und du wirst spüren:
Du kannst es,
ja, du kannst fliegen,
ja, das kannst du!

Du kannst.

Eifeltraum

Die Geschichte von Mischa ist die Geschichte von uns allen. Es ist die Geschichte von der Kraft, die freigesetzt wird, wenn wir es wagen, uns dem Leben zu öffnen, unsere Ängste, Hoffnungen und Träume einander mitzuteilen und uns dem Risiko des Unbekannten zu stellen.

So war es auch, als ich mit zwei Freunden die wahnwitzige Idee hatte, Luxus-Ferienhäuser inmitten der Vulkaneifel zu bauen. Im Nichts, am Ende der Welt, wo sich Fuchs, Hase und Marder Gute Nacht sagen, direkt am Waldrand. Von morgens bis abends hörte ich Einwände: Wer soll denn da bitte schön hinfahren und Urlaub machen wollen? Die Kollegen meinten, ich hätte den Verstand verloren. Jetzt, wo es doch so gut laufen würde bei mir! Auf dem Höhepunkt meiner Karriere! Das mache doch gar keinen Sinn – als Branchenfremder in die Ferienhaus-Branche einzusteigen. Purer Wahnsinn sei das, meinten sie. Nein, ein mutiger Sprung – habe ich geantwortet. Denn ich war mir sicher, dass sich Menschen in der Zukunft verstärkt nach Erdung und Natur sehnen würden. Dass sie den Wahnsinn der Großstädte dann gerne mal für eine Weile hinter sich lassen würden. Und so entstand unser Eifeltraum-Ferienhaus-Konzept, voller Vertrauen in ein diffuses Gefühl.

Hinzu kamen handfeste persönliche Beweggründe: Mir war damals schon klar, dass ich mit meiner damaligen Tätigkeit als Reise-Coach irgendwann an meine persönlichen Grenzen stoßen würde. Dass ich keinesfalls Arthur Millers Buch *Tod eines Handlungsreisenden* nacherzählen wollte. Dass mich die Reiserei von Hotel zu Hotel ab irgendeinem Zeitpunkt massiv nerven und vermutlich überfordern würde. Also habe ich die Eifeltraum-Idee mit Susanne und Stephan umgesetzt, sie wurde tatsächlich Realität.

Es hat geklappt. Gemeinsam haben wir es durchgezogen, im Vertrauen auf unsere Intuition. Bis heute läuft die Vermietung sehr erfolgreich. Die Menschen lieben die Ruhe, Einsamkeit und Natur in Berlingen, einem wundervollen kleinen Örtchen mitten im Nirgendwo.

Doch es gibt natürlich keine Garantien. Ich habe dir ein ehrliches Buch versprochen, also will ich auch weitererzählen: Nach dem Erfolg der ersten Häuser wurden wir mutiger. Wir brachten unter dem Markennamen »EIFELTRAUM« auch ein Bio-Getränk auf den Markt. Im ersten Jahr verkaufte es sich sehr gut, es stand sogar bei REWE im Bio-Regal. Doch für einen erfolgreichen Markenaufbau braucht man viel mehr. Dieses Mehr hatten wir nicht, und einen Investor für unsere Getränkelinie haben wir nicht gefunden. Du siehst, nicht alles klappt.

Durch diese Erfahrungen habe ich verstanden: Wenn ich meine Zufriedenheit dem Ergebnis anpasse, habe ich mehr Freude am Leben. Und nur mit Mut, Vertrauen und Intuition kann ich solche Erfahrungen überhaupt machen.

Welche Dinge möchtest du gerne tun, aber tust es nicht, weil du Ängste und Zweifel hast?

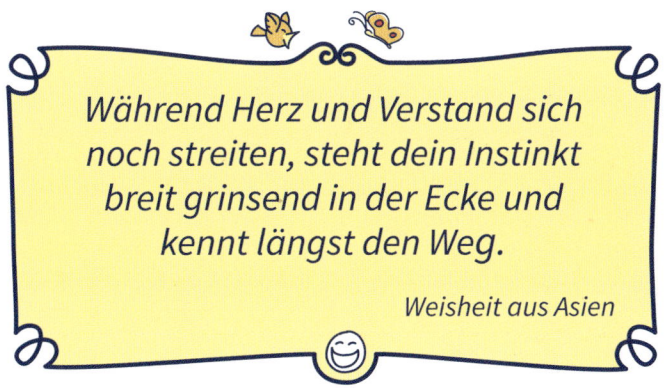

Während Herz und Verstand sich noch streiten, steht dein Instinkt breit grinsend in der Ecke und kennt längst den Weg.

Weisheit aus Asien

Zahlen-Daten-Faktenfresser

Der US-amerikanische Psychologe Barry Schwartz stellte in seinen Forschungen fest, dass intuitive Menschen mit ihren Entscheidungen und dem Leben insgesamt zufriedener sind als jene Zahlen-, Daten- und Faktenfresser, die stets auf der kopflastigen Suche nach genaueren Angaben, Analysen und Hintergründen sind. Er vermutet, dass sich Kopfmenschen mit ihren Gedankenkaskaden leicht überfordern und unter einem Hang zum Perfektionismus leiden. Außerdem hätten sie ab irgendeinem Punkt immer auch Zweifel, ob dies nun wirklich die allerbeste Lösung sei. Diese Zweifel entstünden, weil sie den Zugang zu ihren Emotionen, dem eigentlichen Treiber des Menschseins, verloren haben oder stark unterdrücken.

Sein Kollege, der Psychologe Gerd Gigerenzer, Direktor am Max-Planck-Institut für Bildungsforschung in Berlin, stößt ins gleiche Horn: »Gute Intuition ignoriert Informationen«, sagt er. Bei Bauchentscheidungen schaltet unser Gehirn in den Erfahrungsmodus um und kombiniert alle Eindrücke unseres bisherigen Lebens miteinander. Es vernetzt sie in Millisekunden und spuckt dann eine Analyse aus, die viel umfassender ist als die Bewertung auf der rein rationalen Ebene.

Wer intuitiv sein will, darf also nicht allzu lange über sein Handeln nachdenken. Er sollte die Kompetenzen seines Unterbewusstseins anzapfen und darauf vertrauen, dass dort ein riesiger Erfahrungsschatz lagert. Im Übrigen tun wir das bereits täglich – ohne unsere unbewussten Kompetenzen könnten wir wohl kaum mit Tempo 120 eine Skipiste hinunterfahren und heil unten ankommen.

Luft

Neuschnee

17°

76,4 km/h

Berge

Tiefschnee

Piste (rot)

← Petra?

47

Lebensversicherung

Die in unserem Unterbewusstsein verborgenen Kompetenzen sind die eigentliche Schaltzentrale in unserem Leben. Und wir machen uns nur selten klar, wie wichtig diese Informationen sind.

Jede Sekunde empfangen unsere Sinne zig Millionen von Informationseinheiten. Davon nehmen wir allerdings nur den geringsten Teil bewusst wahr, das allermeiste wird unbewusst verarbeitet. Während du gerade bewusst diese Wörter liest, strömt in derselben Sekunde eine viel größere Informationsmenge in dein Gehirn. Du sitzt auf einer harten oder weichen Unterlage, spürst den Raum um dich herum, hörst draußen die spielenden Kinder oder vorbeifahrende Autos, riechst den Frühlingsduft in der Luft oder den Kaffeeduft von dem Becher neben dir. Allerdings nimmst du vieles davon vermutlich erst bewusst wahr, wenn du darauf aufmerksam gemacht wirst.

Diese enorme im Unterbewusstsein schlummernde Informationsmenge erklärt auch, warum wir manchmal plötzlich das Gefühl haben: »Hier stimmt etwas nicht.« In solchen Momenten schaltet unser Gehirn dann spontan das Unterbewusste frei und erkennt aus der Tiefe heraus Gefahren, Aufgaben, Ideen oder Lösungen. Es holt ohne unser bewusstes Zutun Sinneseindrücke nach oben, die wir zunächst gar nicht für relevant gehalten haben.

Ein Feuerwehrmann aus der Nähe von Aachen erlebte einen besonderen Fall von Intuition: Als sein Team in einem Haus den Brandherd nicht finden konnten, schrie er plötzlich: »Alle sofort raus hier!« Zwei Minuten später stürzte das Haus in sich zusammen. Anschließend konnte der Mann zunächst nicht erklären, wie er die Gefahr erahnt hatte. Bei der späteren Supervision mit einem erfahrenen Psychologen hatte er Gelegenheit, in Ruhe seine Sinneseindrücke zu rekapitulieren. Da entdeckte

er die entscheidenden Informationen: Im Haus sei es ungewöhnlich still gewesen, das vertraute Knistern des Feuers habe gefehlt, und gleichzeitig sei es auffällig heiß gewesen. »Weil das nicht zusammenpasste, hat mir mein Gefühl gemeldet, dass da irgendwas nicht stimmt.«

Intuition ist also mehr als blindes Vertrauen. Der großartige Albert Einstein soll zu seinen Freunden und Kollegen gesagt haben: »Intuition ist alles, was zählt. Ihr kannst du vertrauen.« Und Sigmund Freud, der Begründer der Psychoanalyse, empfiehlt: »Was die kleinen Entscheidungen betrifft, so befragen Sie Ihr Bewusstsein. Bei den wichtigen Entscheidungen in Ihrem Leben lassen Sie sich lieber vom Unterbewusstsein leiten.« Klingt stimmig, oder?

Doch stopp – Moment mal?! War dieser Sigmund Freud nicht ein koksender Psycho-Onkel? Himmel, schon wieder streiten sich Gefühl und Verstand.

Ein neues Denken

Weniger Ich – mehr Wir.
Weniger Denken – mehr Fühlen.
Weniger Angst – mehr Mut.
Weniger Hass – mehr Liebe.
Weniger Erwartungen – mehr Offenheit.
Weniger Laut – mehr Leise.
Weniger Verzweiflung – mehr Hoffnung.
Weniger Weinen – mehr Lachen.
Weniger Entsetzen – mehr Staunen.
Weniger Stress – mehr Zeit.
Weniger Gestern – mehr Heute.
Weniger Bald – mehr Jetzt.
Weniger Ziel – mehr Weg.
Weniger Zweifel – mehr Vertrauen.
Weniger Einsam – mehr Gemeinsam.

Hier kannst du die Buchseite von »Ein neues Denken« als PDF herunterladen: www.patricklynen.net/neuesdenken

Das katastrophische Gehirn

Eines der größten Hindernisse für mehr Vertrauen in uns selbst und das Leben ist unser archaisches Denken. Unser Kopf ist von Natur aus auf Gefahrenabwehr programmiert. In allen Ecken und Winkeln suchen wir nach möglichen Bedrohungen. Der Grund dafür: Unser Gehirn spiegelt die gesamte menschliche Entwicklungsgeschichte wider.

Stell dir vor, du wärest vor ca. 50 000 Jahren mit anderen Menschen auf der Jagd gewesen, und plötzlich taucht aus dem Wald ein wild gewordenes Mammut auf: Deine Freunde rennen so schnell sie können davon, während du stehen bleibst und darüber nachdenkst, ob es unhöflich wäre, jetzt einfach grußlos wegzulaufen. Vermutlich hättest du nicht lange überlebt.

Das »katastrophische Gehirn«, so nennen es die Forscher, hat uns seinerzeit vor dem sicheren Tod bewahrt. Es signalisiert uns in Bruchteilen von Sekunden die Information, dass hier eine Gefahr lauern könnte, und lässt uns darauf reflexhaft mit Flucht oder Abwehr reagieren.

Dieses an und für sich grundgesunde Angst- und Fluchtverhalten prägt uns bis heute. Nach wie vor ist eine gewisse Wachsamkeit durchaus sinnvoll. Doch sollten wir deshalb immer und jederzeit im Abstands- und Vorsichtsmodus operieren? Ich halte das für keine gute Idee, denn mit einer misstrauischen Haltung sorgen wir dafür, dass die Welt uns genauso begegnet, wie wir es erwarten: mit Abgrenzung, Zweifel, Misstrauen und Angst. Der Österreicher Johann Nepomuk Nestroy hat es wunderbar auf den Punkt gebracht: Zu viel Vertrauen ist häufig eine Dummheit, zu viel Misstrauen ist immer ein Unglück.

Wer permanent in einem archaischen Abwehr- und Überlebensmodus lebt, lässt den entwicklungsgeschichtlich jüngsten Teil unseres Gehirns ungenutzt: unser empathisches Gehirn. Die Konzentration auf Flucht, Krieg, Vergeltung, Hass und Aggression verhindert ein Leben in Liebe, Gemeinschaft und Empathie.

Die gute Nachricht lautet: Wir können etwas dagegen tun. Wie? Indem wir uns bewusst werden, wie wir unsere Welt gestalten, und unsere alten, abgrenzenden Denkmuster durch eine neue, konstruktive Ausrichtung ersetzen.

Selbstgespräche

Wir kommunizieren nicht nur verbal mit anderen, sondern vor allem in Gedanken mit uns selbst. Jeden Tag flüstern wir uns zwischen 20 000 und 60 000 Gedanken zu, große Monologe und kleine Selbstgespräche, mit denen wir uns in den Alltag einbetten. Auf dem Programm stehen unter anderem Hunderte von Beurteilungen, Glaubenssätzen und Kommentare über uns selbst und unser Umfeld. Diese Gedanken entscheiden darüber, wie wir die Welt und uns selbst in der Welt sehen und erleben. Aus immer gleichen Phrasen weben wir einen Schleier aus Ansichten und Bewertungen, den wir dann irgendwann für die Wirklichkeit halten. Sätze wie »Das kann ich nicht«, »Das wird sicher schiefgehen«, »Was die wohl wieder vorhaben?«, »Dieser blöde A…!«, »Da kann man nichts machen«, »Die Welt ist ein grausamer Ort« graben sich allmählich so tief in unser Bewusstsein ein, dass es nur vernünftig erscheint, auf Distanz zu gehen und sich von der Welt abzugrenzen. Doch wir haben immer wieder die Wahl, ob wir die Welt als einen fürchterlichen dunklen Ort wahrnehmen wollen – oder als Ort der Chancen.

Möchtest du wissen, welche Gedanken du in deinem bisherigen Leben überwiegend gedacht hast? Dann schau dir doch mal die Welt an, in der du lebst. Deine Sicht auf die Welt ist nichts anderes als das Kondensat deiner bisherigen Gedanken und Bewertungen.

Sag mir, wer du wirklich bist

Als ich noch klein war, kam mir das Leben wunderschön vor – ein richtiges Mysterium, alles war ganz fantastisch.

Die Tage waren länger, das Gras war grüner, und die Nächte rochen nach Freiheit und Abenteuer. Die Bonbons schmeckten süßer, Küsse und Umarmungen dauerten länger, Reisen und Begegnungen waren voller Wunder. Die ganze Welt war ein endloser Fluss, nicht mal der Horizont hatte eine Grenze.

Über die Jahre brachte man mir bei, vernünftig, logisch, verantwortungsbewusst und präzise zu sein. Man zeigte mir eine Welt, in der ich mich berechenbar, sachlich und vor allem vorsichtig verhalten sollte.

Vertrauen sei gefährlich, Gemeinschaft eine Gefahr, sagte man mir. Schließlich wäre das doch eine Welt, in der alle immer nur ihre Schäfchen ins Trockene bringen wollen.

Manchmal, wenn alles schläft, werden die Fragen in meinem Kopf lauter. Kann mir bitte mal jemand sagen, was wir da Verrücktes gelernt haben? Ich weiß, es klingt blöd – aber sagt mir doch bitte, wer ich eigentlich bin.

Outside the box

Vor ein paar Jahren arbeitete ich beim Radio in Baden-Baden. Ich war damals von der Idee besessen, unsere Sendungen jeden Tag ein bisschen besser zu machen. Ich wollte etwas bewegen. Im redaktionellen Umfeld sorgte das für ganz unterschiedliche Reaktionen. Einige Kollegen krempelten die Arme hoch und arbeiteten mit mir gemeinsam an diesem Ziel. Andere zogen sich mit Bemerkungen wie »Das haben wir noch nie so gemacht« oder »Schon wieder so einer, der hier alles neu erfinden möchte« zurück. Einige Kollegen schätzten die Herausforderung, andere duckten sich weg.

Die Verweigerer, wie ich sie damals nannte, glaubten von Anfang an zu wissen, was möglich ist und was nicht und wie der Rest der Redaktion auf neue Ideen reagieren würde. Letztlich wiederholten viele von ihnen damit vermutlich jedoch nur Denkmuster, die andere Menschen ihnen vorgelebt hatten. Sie übernahmen die Regeln, Meinungen und Grenzen, an die schon andere Menschen geglaubt hatten. Sie wollten keine Fehler machen, also machten sie es so, wie andere Menschen es sich vorstellten. Diesen Kollegen bin ich heute noch dankbar, denn sie haben mir gezeigt, wie tradierte Glaubensmuster unser Handeln bestimmen.

Doch es gibt auch jene Menschen, die sich ähnlich wie ich damals nicht um mögliche Fehler scherten, sondern die etwas bewegen und gemeinsam etwas Neues erschaffen wollten und bereit waren, dabei eben auch mal zu scheitern. Einer Harvard-Studie zufolge werden Menschen als wesentlich vertrauenswürdiger eingeschätzt, die Fehler ehrlich zugeben können und sich auch mal entschuldigen. Deshalb überrascht es letztlich nicht, dass jene experimentierfreudigen Kollegen von damals heute vielfach an exponierter Stelle in Medienunternehmen oder anderen Organisationen arbeiten. Sie sind die Aushängeschilder wichtiger deutschsprachiger Nachrichtensendungen, erfolgreiche Romanautoren und Abteilungsleiter in Ausbildungsfirmen geworden.

Im Englischen nennt man die Fähigkeit, über die Beschränkungen des eigenen Denkens hinauszuwachsen: to think outside the box. Jeder von uns hat in jedem Augenblick die Möglichkeit, die Wände seiner eigenen Denk-Schuhschachtel herunterzuklappen, die Grenzen der eigenen Wahrnehmung aufzubrechen und bisherige Glaubenskonstruktionen infrage zu stellen.

Wer sich von seinen Visionen und Träumen trennt, wird zwar weiter atmen, aber aufgehört haben zu leben.

Kopf hoch!

Da wir unsere schwächenden Denkmuster selbst gemacht haben, können wir diese auch durch stärkende Denkmuster ersetzen. Wir müssen es einfach nur tun.

Unser Bewusstsein kann nicht mehrere komplexe Sachverhalte gleichzeitig verarbeiten, also muss es sich auf das konzentrieren, was wir ihm vorgeben. Du kannst nicht gleichzeitig deine Aufmerksamkeit auf einen lichten und vertrauensvollen Aspekt deines Lebens richten und im gleichen Moment misstrauisch sein oder zweifeln.

Diesen Trick kann man noch verstärken. Wenn du dir künftig mal wieder die alten Geschichten aus Ärger, Verzweiflung oder Miss-

trauen erzählst, dich in Gedanken persönlich abwertest oder andere verfluchst, geh bewusst in eine selbstsichere, aufrechte Körperhaltung. Du wirst merken: Augenblicklich verändert sich darüber auch deine innere Stimmung. Du erscheinst nach außen stärker und kraftvoller – und spürst im Innern mehr Selbstvertrauen. Der Psychologe und Philosoph William James hat es einmal so ausgedrückt: »Wenn du dir eine positive Eigenschaft wünschst, dann tu so, als hättest du sie bereits. Schon dein Wünschen lässt dich ganz anders wirken.«

Erscheint dir das zu banal, zu durchsichtig? Die Wirkung wurde an den Universitäten von Oxford und Harvard wissenschaftlich belegt. Du kannst es gleich ausprobieren. Tu so, als ob! Tu so, als wärst du der beliebteste Mensch der Welt. Stell dich hin und stell dir vor, alle würden dich mögen und begehren. Bewege dich für ein paar Sekunden, als seiest du Bill Gates oder Joanne Rowling bei einem wichtigen Auftritt. Strecke deinen Rücken, öffne deinen Brustkorb, hebe deinen Blick und lächele. Tu so, als könnte dich nichts auf dieser Welt verunsichern. Und du wirst merken, wie das Selbstvertrauen in dir zunimmt.

Die Luft aus unseren Problemen lassen

In einem Bahntunnel ist ein Lkw stecken geblieben und hat das Tunnelgewölbe stark beschädigt. Überall stehen Schaulustige, die Männer der Feuerwehr, das Personal vom Technischen Hilfswerk und die Polizei. Die Männer gestikulieren und diskutieren, doch sie finden keine Lösung, wie sie den festgefahrenen Lkw wieder aus dem Tunnel herausbekommen können. Ein Schüler, der zufällig vorbeikommt, hört den Gesprächen eine Weile zu, geht dann auf den Einsatzleiter zu und fragt: »Entschuldigung, man könnte doch einfach die Luft aus den Reifen lassen. Dann könnte der Lkw rückwärts wieder rausfahren ...«

Wenn wir ein wenig Luft aus unseren Problemen, aus der Verzweiflung und dem Alltagsfrust lassen, wenn wir beispielsweise die Entspannung eines Urlaubs nutzen, um die Dinge mal aus einer neuen Perspektive zu sehen, dann können Ideen entstehen, die wir vorher gar nicht denken konnten.

Ich lade dich deshalb jetzt einmal ein, aus deinem beschränkten Denken etwas Luft und deiner Inspiration freien Lauf zu lassen. Du kannst die folgenden Fragen als Denkanstöße nehmen und von dort aus schauen, wo dich die Muse hinträgt:

- In welchen Bereichen deines Lebens stößt du immer wieder an Grenzen?

- Was würde es dir ermöglichen, in diesem Bereich neue Wege zu gehen?

- In welchem Bereich möchtest du gerne mehr vertrauen?

- Was hält dich davon ab?

- Kannst du dir einen Moment lang vorstellen, es einfach trotzdem zu tun?

- In welcher Beziehung deines Lebens hältst du etwas Wichtiges zurück?

- Was kostet dich diese Zurückhaltung?

- Was würdest du gewinnen, wenn du sie aufgeben könntest?

Vertraue auf dein Unbewusstes. Dein Gehirn ist ein großartiger Problemlöser-Mechanismus. Du definierst, welche Aufgabe es für dich lösen darf – und schon geht's los. Das in Millionen von Jahren entwickelte Wunderwerk zwischen deinen Ohren wartet permanent auf neue Eingaben. Finde deine Vision von mehr Selbstvertrauen, Vertrauen in die Welt oder liebevoller Gemeinschaft.

Entwickle eine gesunde Ignoranz für deine bisherigen Grenzen – und sie werden sich auflösen. Der Schalter dafür befindet sich zwischen deinen Ohren.

Vom Tief- in den Hochstatus wechseln

Mit unserem Kopf können wir fast alles möglich machen. Gib deinem Hirn hoffnungsfrohe Ziele vor – und es wird auf sie hinarbeiten! Die Methode, sich etwas Positives kraftvoll vorzustellen, hat sich als so wirkungsvoll erwiesen, dass sie an der renommierten Harvard Business School seit Jahren als wichtiges Instrument für Erfolg gelehrt wird.

Indem wir uns die erhofften Entwicklungen und Wünsche innerlich kraftvoll ausmalen, erschaffen wir einen emotionalen Anker. Damit schnuppern wir schon in der Frühphase unseres Wegs den Duft von Selbstvertrauen und Erfolg. Wir sehen uns in spannenden Projekten, in glücklichen Lebensumständen, in unterstützender Gemeinschaft.

Unser Kopf ist wie ein leeres Gefäß, das wir mit unseren Wünschen und Zielen und den daraus erwachsenden Bildern füllen können. Wenn dabei alle unsere Sinne mitgehen und unsere Seele mitschwingt, entsteht eine kraftvolle und motivierende Vision. Solche konkreten Visionen sind deutlich wirkungsvoller als abstrakte Ziele wie »Ich werde es schaffen!« oder allgemeine Wünsche wie »mehr Gemeinschaft« oder »Vertrauen«.

Du kannst jetzt gleich damit anfangen: Beschreibe das Leben, das du dir wünschst, möglichst konkret, sinnlich, aromatisch, emotional. Aus dem Wunsch nach einer innigen und liebevollen Beziehung kann beispielsweise das Bild einer wundervollen, sensiblen Frau mit kastanienroten, seidigen Haaren werden, die du in der Sommersonne innig umarmst. So kannst du dein Ziel schon sehen, spüren, riechen, bevor du es erreichst.

Profisportler nutzen diese Technik des sogenannten »Mental-Trainings« seit vielen Jahren. Sie stellen sich beispielsweise das Endspiel beim Tennis oder den perfekten Skisprung vor und begleiten ihn mit Sätzen wie: »Ich fliege wie ein Adler und komme sicher auf!«

Lass dich nicht beirren, wenn bei der Umsetzung dieser Technik innerer Widerspruch auftaucht wie: »Mach dir doch nichts vor, du wirst nie so eine Frau kennenlernen« oder: »Hör doch auf mit dem Tagträumen, das bringt doch nichts.« Fachleute sind davon überzeugt, dass wir diese inneren Widersprüche schlicht ausblenden sollten. Wenn sich nach einer Weile die ersten Erfolge zeigen, verstummen diese zweifelnden Stimmen von alleine.

Der rote Knopf

Wenn dir deine alten Abgrenzungs-, Misstrauens- und Grübelzwänge mal wieder auf die Nerven gehen, es dir aber nicht gelingt, einfach damit aufzuhören, habe ich noch einen besonderen Trick für dich: den roten Knopf. Du kannst ihn dir vorstellen wie einen HOT BUTTON in einer lausigen Gameshow. Wenn du merkst, du rutschst wieder in gedankliche Mülltonnen oder Säurebäder, sammle all deine Aufmerksamkeit, schau kurz zum Himmel, und konzentriere dich dann mit geschlossenen Augen auf deinen roten Knopf. Drück ihn, und löse dich augenblicklich aus deinen alten Denkmustern. Sofort. Ich habe bisher noch keinen Menschen kennengelernt, bei dem es nicht funktioniert.

Übrigens – auch hier gilt: Je öfter du den roten Knopf benutzt, desto besser funktioniert er. Du nimmst damit, wie Psychologen sagen, einen dissoziierten Abstand zum eigenen Empfinden und Erleben ein. Der rote Knopf bringt dich auf Abstand, damit du auf dein altes Denken schauen und dich fragen kannst: Was denke ich da eigentlich? Ist das überhaupt gut für mich? Bringt mich das irgendwie weiter? Auf diese Weise kann sich jeder von uns ein Stück weit selbst coachen.

Ja, ich will!

Falls sich jetzt dein innerer Schweinehund zu Wort meldet, dir von hinten seine Tatze über die Schulter legt und schnaubt: »Das Leben ist doch nicht so einfach! Was für ein dummes Coaching-Geblubber«, dann lass dir gesagt sein: Ich kenne solche Zweifel. Als alter Ketzer neige ich durchaus dazu, die Dinge erst einmal zu hinterfragen und in Zweifel zu ziehen. Das kann nie schaden.

Doch wenn ich nicht auf ewig in meiner Ablehnung und Negierung hängen bleiben will, hilft nur eins: eine neue Perspektive. Diese neue Perspektive gilt es zunächst zu verstehen, dann immer wieder auszuprobieren, im besten Fall auf Dauer zu nutzen und dann zu wiederholen, wiederholen, wiederholen.

Damit das besser klappt, trickse ich mich und mein mustergeprägtes Denken und Dauerzweifeln von früher mit einem wertvollen, praktisch kostenlosen Zaubertool aus: einem alten verblichenen Zettel, der seit Jahren an meinem Computerbildschirm hängt. Darauf stehen nur drei Worte:

»Ja, ich will!«

Diese kleine Botschaft wirkt Wunder, wenn der innere Schweinehund mich auf alte Trampelpfade meines Denkens zurückführen will und mir suggeriert, dass das doch alles nur Humbug sei mit dem Glauben an eine liebevollere Zukunft und mehr Vertrauen in meine Fähigkeiten.

»Ja, ich will!«

Dieser Satz hat mir unter anderem geholfen, Durststrecken als Autor zu überstehen. Ja, ich will. Also kann ich.

Und was willst du?

Ich empfehle dir: Such dir einen motivierenden Satz, der dich durch deinen Prozess begleitet. Benutze ihn, so oft es geht. Wiederhole ihn. Mach ihn sichtbar. Hänge ihn, an den Badezimmer- oder Flurspiegel, ins Auto, an den Computerbildschirm. Wiederhole ihn. Wissenschaftler konnten mehrfach nachweisen, dass diese Art der Affirmation wirkt – bewusst und unterbewusst. Wenn wir sie ausreichend wiederholen.

Vielleicht können wir uns mit einem »Ich will« oder »Ich bin toll!« nicht auf Dauer motivieren, doch solche Tools geben uns die Möglichkeit, die Schwerkraft des Lebens für einen Moment zu überwinden und dann unsere Reiseplanung zu machen. Selbst wenn dieses neue Denken zu Beginn noch als ironischer Bruch wirkt, führt es durch regelmäßige Wiederholung zu einem neuen Denken und Handeln. Es bildet neue synaptische Verbindungen in unserem Gehirn. Und nach einer Weile verändert sich dann auch unsere Wahrnehmung. Das bisherige Denken löst sich auf und wird durch vertrauensvollere Sichtweisen ersetzt.

Trampelpfade im Hirn I

Durch Wiederholung wird das Neue vertraut. Die Entwicklung unserer Persönlichkeit ist nur nachhaltig, wenn es uns gelingt, aus der neuen Erfahrung eine neue Gewohnheit zu machen. Wir können es uns schlichtweg angewöhnen, mehr zu vertrauen. Alles, was wir mehrfach denken und probieren, gräbt sich nach einer Weile als positive Erfahrung in unsere neuronalen Netzwerke ein. Durch schlichte Wiederholung können wir lernen, nach und nach immer mehr unserem eigenen Weg zu vertrauen.

Falls du noch nicht davon überzeugt bist, dass wir Menschen zu ganz beachtlichen Verhaltensänderungen fähig sind: In den vergangenen Jahren haben Forschungsergebnisse in der modernen Hirnforschung gezeigt, dass kein Hirn jemals »fertig konstruiert« ist. Neue Verästelungen in unseren neuronalen Strukturen wachsen zwar langsam, doch selbst im Alter tut sich noch eine ganze Menge. Auch im medizinischen Bereich wird dazu sehr intensiv geforscht. Dr. Edward Taub von der University of Alabama hat sehr eindrucksvoll belegt, welche Flexibilität unser Gehirn aufweist. Menschen, die ihre Arme oder Beine nach einem schweren Schlaganfall nicht mehr bewegen konnten, gab er den Auftrag, sich trotz ihrer Immobilität und Zweifel in Gedanken zu bewegen. Monate später forderte Dr. Taub seine Patienten dann auf, sich unter seiner Anleitung tatsächlich zu bewegen. Und es ging. Zwar langsam und vorsichtig, doch es war möglich.

Ein Kollege von Dr. Taub, Dr. Vinoth Ranganathan aus Ohio, konnte nachweisen, dass Muskeln wachsen können, wenn wir uns ein Workout einfach nur gedanklich vorstellen. Was wie Zauberei anmutet, ist im Grunde logisch. Denn über die gedankliche Vorstellung erzeugt unser Körper ähnliche biochemische Impulse, wie sie bei echter Bewegung ausgelöst werden.

Wissenschaftler aus den Bereichen Epigenetik, Neuroimmunologie, Psychologie und Medizin bestätigen mittlerweile, dass Vertrauen in die eigenen Fähigkeiten relevante biochemische Reaktionen in unserem Körper auslöst. Die Forschung steht hierbei noch ganz am Anfang. Doch auf der ganzen Welt deuten Ergebnisse darauf hin, dass es unserem Nervensystem tatsächlich möglich ist, innerhalb kurzer Zeiträume auf neue Herausforderungen flexibel zu reagieren und neue Vernetzungen anzulegen …

Trampelpfade im Hirn II

Leg jetzt gedanklich bitte nicht auf. Dieses Kapitel ist zwar etwas komplexer, aber umso erkenntnisreicher.

Echtes Lernen findet nur außerhalb unserer Komfortzone statt. Die Komfortzone ist der Ort, an dem wir uns so herrlich sicher fühlen und in dem wir alles »richtig« machen. Nicht immer tut uns dieser Ort wirklich gut, doch wir fühlen uns dort aufgehoben. Aus diesem Grund bleiben viele Menschen sehr lange in dieser Komfortzone. Dadurch bringen sie sich im Laufe ihres Lebens allerdings um wertvolle Chancen. Schließlich ist es doch so: Solange du die Person, die du deiner Meinung nach bist, und deine bisherigen Überzeugungen über diese Welt nicht hinter dir lässt, kannst du kaum ein neues Leben erschaffen. Wir müssen als Menschen also ganz konkret neue Wege gehen, unsere bisherigen Konzepte und Ideen von der Welt umbauen und einem neuen Denken die Führung überlassen.

Das hat ganz simple neurologische Gründe: Schauen wir uns kurz an, wie das Gehirn funktioniert. Wenn unser Gehirn aktiviert wird, entsteht ein Gedanke oder ein Gefühl. Aus neurowissenschaftlicher Sicht ist unser Denkzentrum dann in Aktion. Das passiert schon bei alltäglichen Dingen wie Kochen oder Radfahren, wenn du unter die Dusche gehst oder vor dich hin summst – dann schaltet dein Gehirn in einen ganz bestimmten Modus. Denn bei jeder dieser Tätigkeiten arbeitet in deinem Kopf ein bestimmtes Areal. In dir läuft ein gewohntes Programm ab, wie bei einer Software. Anders ausgedrückt: Die Neuronen, die nun in deinem Kopf »feuern«, wie die Wissenschaftler es nennen, »verdrahten« sich in Bruchteilen von Sekunden. Durch die bewusste Entscheidung, beispielsweise in die Badewanne zu gehen, wählst du sozusagen ein entsprechendes Programm in deinem Gehirn aus und aktivierst es.

Solche Abläufe in deinem Gehirn sind zum größten Teil ein Ergebnis der Vergangenheit. Weil du diese Tätigkeit ja schon hundert- oder tausendfach durchgeführt hast, kannst du in deinem Gehirn ein Programm starten, das nun beinahe automatisch diese Tätigkeiten erledigt. In diesen Momenten lernst du natürlich nichts Neues, sondern du reproduzierst die erlernten Handlungsmuster der Vergangenheit. Also das, was du bisher in deinem Leben gelernt und erfahren hast.

Neurowissenschaftlich betrachtet, ist dieses Verhalten das genaue Gegenteil von Lernen. Denn Lernen ist eben nicht das Wiederholen bekannter Programme, sondern das Erschaffen neuer Strukturen im Gehirn, wodurch sich Tausende von synaptischen Verbindungen bilden, die sich wiederum zu komplexen Verschaltungen zusammentun. Erleben wir also etwas Neues, dann schreiben unsere Sinne dieses Erleben als neurologische Cluster ins Gehirn. Dann tun sich weitere Neuronen zusammen und verstärken diese Verbindungen. Wenn du etwas Neues angehst, dann wird dein Gehirn durch das Lernen sozusagen auf den neuesten Stand gebracht, es bekommt ein Upgrade.

Alte Gedanken und Gefühle hingegen dürfen wir uns wie erprobte Laufbahnen im Gehirn vorstellen, wie ausgetretene Trampelpfade, gemacht aus vergangenen Erfahrungen. Je höher die emotionale Bedeutung eines Ereignisses in unserem bisherigen Leben war, desto relevanter ist ein solcher Trampelpfad.

Hegen wir beispielsweise einen alten ängstlichen Gedankengang, kommen entsprechende Gefühle in uns hoch. Sobald wir diese Angst in uns verspüren, nimmt diese Emotion Einfluss auf unser Denken, und wir erbauen daraus weitere ängstliche Gedanken. Die wiederum führen zur Ausschüttung weiterer chemischer Botenstoffe in Gehirn und Körper – woraufhin wir noch mehr Angst erleben. Und schon sind wir in einer Endlosschleife der neuronalen Aktivität gefangen, einer uns allen vertrauten »Kaskade des Grübelns«.

Indem wir also im Gehirn immer wieder dieselben Schaltkreise der Vergangenheit aktivieren und vernetzen, weil wir immer wieder das Gleiche denken, werden diese Gedanken immer nachhaltiger zu festen Mustern verdrahtet. Und so wird aus unserem Gehirn ein Ort der Manifestation vergangener Gedanken und Gefühle, und mit der Zeit fällt es uns immer »leichter«, automatisch dasselbe zu denken. Auf diese Weise entstehen übrigens auch extremistische Gedanken oder Dogmen. Weil wir es häufiger denken, wird es für unser Hirn »gültiger«. Denn auf gewohnten neurologischen Trampelpfaden läuft es sich für unser Gehirn besonders gut.

Was heißt das für unseren Alltag? Wenn Gefühle und Emotionen die neurologischen Ergebnisse vergangener Ereignisse und Vorfälle sind, dann hat das ganz konkrete Auswirkungen auf unseren Alltag. So verankern wir beispielsweise jeden neuen Tag in der Vergangenheit, wenn wir morgens aufwachen und uns in alten Gefühlen der Abgrenzung und übertriebenen Vorsicht suhlen. Sobald wir uns beispielsweise vor der Zukunft fürchten oder »Feinden« mit abwehrenden Gedanken begegnen, erzeugen wir Gedanken der Furcht, Abgrenzung und Angst – die mit den Erinnerungen an vergangene Erfahrungen zu tun haben. Wir denken unsere neuronal gewachsenen Gefühle aus Vorsicht, Sorge, Frust, mangelndem Selbstwert, Unglück, Trauer, Schmerz oder Schuld. Wenn diese Emotionen unser Denken einnehmen und wir neuronal betrachtet nicht über diese Vernetzungen hinausgehen können, dann leben wir permanent in der Vergangenheit.

Wir wachen dann morgens auf, fahren zur Arbeit, auf derselben Strecke wie immer, haben mit denselben Kollegen zu tun wie am Vortag. Wir verbringen den Tag damit, ungefähr die gleichen Gedanken zu denken wie gestern. Und vielleicht reagieren wir sogar mit den gleichen Emotionen. Denen der Vorsicht, Abgrenzung und Gefahr. Nach der Arbeit fahren wir heim und reflektieren die gleichen Gedanken erneut – und manifestieren sie weiter, um sie am nächsten Morgen erneut aufzurufen.

Im Grunde läuft unser Körper dann auf Autopilot und lässt eine Reihe von in der Vergangenheit erstellten Programmen ablaufen. Wir werden »unbewusst«, das heißt: Am nächsten Morgen wachen wir wieder auf und denken die gewohnten Gedanken, treffen die gleichen Entscheidungen, die zu den gleichen vorsichtigen Verhaltensweisen führen, die wiederum die gleichen Erfahrungen erzeugen, und die produzieren die gleichen Emotionen. Auf diese Weise leben wir in der Vergangenheit – und diese Vergangenheit gestaltet sich als unsere Zukunft. Denn solange wir die Gedanken und Routinen von gestern beibehalten, wird unser Morgen logischerweise ganz ähnlich aussehen.

Würde in diesem Moment etwas Neues, Unbekanntes, vielleicht Liebevolles oder Horizonterweiterndes passieren, würden wir vielleicht sogar verärgert auf diese Störung reagieren. Das Durchbrechen unserer Routinen würde uns herausfordern, wäre uns womöglich sogar lästig und unbequem; vielleicht würden wir sogar sagen: »Och nö, so viel Nähe, Gemeinschaft und Vertrauen brauche ich nun wirklich nicht!«

Frag dich doch mal: Wie viel Platz ist in deiner Alltagsroutine, deinem bisherigen Leben für das Neue und Unbekannte, für das Vertrauensvolle, Innige und die Gemeinschaft?

Wenn du im Bekannten und Tradierten stecken bleibst – also tagtäglich immer gleiche Trampelpfade nutzt –, dann verschmelzen deine Gedanken zu einer sich selbst erfüllenden inneren Haltung und Prophezeiung, die auf Dauer bleibt.

Trampelpfade im Hirn III

Um den aktuellen Stand der Neurowissenschaft zu komplettieren, müssen wir uns einen weiteren Aspekt unseres Denkens und Fühlens anschauen. Beim Denken »feuern« die in unserem Hirn aktivierten neuronalen Trampelpfade elektrische Ladungen. Energie-Impulse, die zu einem Gefühl bzw. einer Emotionen werden.

Diese Energie ist oft sogar wahrnehmbar. Beispielsweise wenn ein Mensch einen Raum betritt. Wir alle haben schon die neuronale Energie eines verärgerten oder sehr frustrierten Menschen miterlebt; sie lag förmlich in der Luft, weil diese Person ein starkes energetisches Signal mit einer bestimmten Information erzeugt hat. Denselben Effekt erleben wir bei Männern oder Frauen mit einer starken sexuellen Anziehungskraft, bei leidenden Menschen oder bei Zeitgenossen mit einer ruhigen, liebevollen Energie. Ganz unterschiedliche Formen von Energie können wir spüren und wahrnehmen:

- Kreative, vertrauensvolle und höhere Emotionen wie Zuneigung, Liebe, Freude, Freundschaft und Gemeinschaft
- Stressemotionen wie Abgrenzung, Angst oder Wut

Erschaffen wir als Menschen Tag für Tag die bekannte Vergangenheit neu, denken wir ähnliche Gedanken und fühlen dieselben Emotionen, dann senden wir auch immer wieder das gleiche elektromagnetische Feld aus – mit derselben Botschaft. Unsere Energie entspricht dann mehr oder weniger der Energie unserer Vergangenheit.

Ergo: Wir können unser Leben nur liebevoller und offener gestalten, indem wir unsere Energie verändern, also das elektromagnetische Feld, das wir ständig erschaffen und ausstrahlen. Anders ausgedrückt: Um mehr Vertrauen und mehr Gemeinschaft zu etablieren, müssen wir unser Denken und Fühlen ändern. Denn nur eine Denkweise kann uns dauerhaft in ein liebevolleres Empfinden führen: die des offenen Denkens, Liebens und Vertrauens, die Emotion der Freude und Veränderung. Faszination, Austausch und »Neu-Gier« in Gemeinschaft sind dafür ganz wesentliche Treiber. Nur was uns wirklich begeistert und/oder emotional berührt, was uns eine echte Faszination erleben lässt, das führt uns lustvoll auf neues Terrain.

Ein simples Beispiel illustriert das in Sekunden: Wenn ein Mann aus Deutschland versucht, ohne Vorkenntnisse Schwedisch zu lernen, indem er seine alten neurologischen Muster nutzt, dann dauert es für gewöhnlich ziemlich lange – oder es klappt nie. Wenn er allerdings eine nette Schwedin kennenlernt und die beiden verlieben sich, dann spricht er ihre Sprache spätestens nach einem halben Jahr.

Geben macht glücklich

Geben macht glücklich.

Ganz im Sinne der vorangegangenen Kapitel schreibe ich bei Facebook (fast) jeden Tag einen Tagestipp. Viele Menschen fragen mich: »Hey, warum machst du das? Wieso steckst du da so viel Herzblut rein? Warum gibst du deine Inhalte immer wieder kostenfrei weg?«

Meine Antwort lautet: Ich trainiere mein Gehirn. Mein Tag beginnt ganz anders, wenn ich mir morgens diesen Startpunkt setze. Wie bei einem Tagebuch reflektiere ich nicht nur meine Arbeit, meine Weltsicht, meine Gedanken, meine Gefühle – sondern ich trainiere mein Gehirn in eine neue Richtung, ich zwinge mich sozusagen in die höhere Emotion. Und über das Aufschreiben meiner Gedanken finde ich häufig erst die Ideen für meine Bücher. Zudem hilft mir die Kritik in den Kommentaren, den eigentlichen Kern eines Themas zu erfassen. Das sind unglaublich wichtige Impulse für mein neues Denken.

Auf diese Weise habe ich viel gelernt:
- Nur wenn ich jeden Tag neu denke, kann ich innovativ sein.
- Nur wenn ich sage, was ich denke, können sich Gleichgesinnte finden.
- Nur wenn ich meine Gedanken aussende, empfange ich Feedback.
- Je mehr ich dabei (weg)gebe, desto mehr bekomme ich zurück. Das Gesetz der Resonanz.
- Wenn wir unsere Reichtümer, Ideen oder Erkenntnisse für uns behalten, sind wir vom Energie- und Ideenfluss abgeschnitten. Gedanken, Gefühle, Geld und Ideen wollen fließen, wie alle Energien.

Geben macht glücklich. Denn Geben kann Großes bewirken!

Weniger Ich – mehr WIR

Bis hierher ging es jetzt schwerpunktmäßig darum, wie wir unser Selbstvertrauen stärken können, um zu mehr Vertrauen in andere und zu mehr Gemeinschaft zu finden. Dieser Fokus auf das Ich braucht jedoch eine Balance.

Wir haben in unserer modernen Zeit ein Ritual erschaffen, das beinahe spirituelle Züge trägt: Wir stellen uns mit ausgestrecktem Arm hin – und machen ein Foto von uns selbst. Wir verehren zunehmend unser Selbst. Dieser Trend hat eine sehr befreiende, kraftvolle Seite. Unser Interesse für uns selbst ist grundsätzlich gut, hält uns am Leben, treibt uns an. Ohne Ego kein Leben.

Doch letztlich sind wir soziale Wesen. Aus evolutionärer Sicht ist es noch nicht so lange her, dass wir in der Natur lebten und uns am Lagerfeuer kauernd miteinander austauschten. Wir erzählten uns Geschichten von Gefahren, Ängsten, Erfolgen und Triumphen, von Freundschaft, Vertrauen, Loyalität und Liebe. Wir vertrauten auf den Schutz der Gemeinschaft und die Weisheit von krisenerfahrenen, gereiften Menschen.

In der modernen Welt kann man sich selber fotografieren, alleine in seiner Wohnung leben, das Geld im Internet verdienen, sich die Einkäufe nach Hause liefern lassen, über WhatsApp Kontakt halten, bei Facebook seine Freunde »treffen«. Manch einer stellt nach einer Weile allerdings fest, dass ihn das langfristig nicht befriedigt. Alleinsein ist manchmal ein köstlicher Genuss, doch auf Dauer widerspricht es unserer Prägung. Wer das nicht glaubt, sollte mal nach Minneapolis im US-Bundesstaat Minnesota fahren. Dort haben die Orfield Laboratories einen einzigartigen Raum konstruiert, in dem ein Geräuschpegel von minus neun Dezibel herrscht. Der ruhigste Ort der Welt. Totenstille. Die Wissenschaftler sagen: Bisher hat es dort niemand für länger als 45 Minuten ausgehalten.

Selbst gestählte Kämpfernaturen und erfahrene Wölfe aus den Einheiten der Special Forces nicht. Absolute Stille ist beängstigend. In absoluter Stille hören wir auf, das Glückshormon Oxytocin auszuschütten, und es schwinden die körpereigenen Opiate: Wir werden antriebslos und fühlen uns einsam und schwach.

In Gemeinschaft geht es uns besser. Im Rudel können wir leichter lieben und lernen. Unser Körper schüttet in Gemeinschaft weniger Stresshormone aus, was unser Immunsystem stärkt und unser Herz-Kreislauf-Risiko senkt. Auch unser Gehirn zieht Vorteile aus der Gemeinschaft. Neurowissenschaftler Martin Korte beschreibt in seinem Buch *Jung im Kopf* sehr anschaulich, welch besonderen Einfluss soziale Bindungen auf den Alterungsprozess unseres Gehirns haben. »Gemeinschaft, Freundschaft und Vertrauen führen dazu, dass mehr Nervenwachstumsfaktoren wirken. Und die halten unsere Nervenzellen jung«, so Forscher Korte. Gemeinschaft als Frischzellenkur, sozusagen.

Zwischenmenschliches Vertrauen ist also psychisch und körperlich eine höchst erstrebenswerte Sache. Doch wie entsteht es eigentlich?

Ein berührendes Experiment

Die Entstehung von Vertrauen und Nähe zählt zu den größten Rätseln der Menschheit. Wann vertrauen wir einem anderen Menschen – und wann tun wir das nicht? Was braucht es, dass sich Menschen ineinander verlieben? Der US-Psychologe Arthur Aron fand vor mehr als zwanzig Jahren heraus, dass durch den Austausch von sehr persönlichen Informationen, echtes Interesse am anderen und Augenkontakt in relativ kurzer Zeit sehr viel Nähe hergestellt werden kann.

Um seine Hypothese zu prüfen, teilte er seine Probanden in Zweiergruppen ein, die sich in anderthalb Stunden gegenseitig 36 Fragen stellen und beantworten sollten. Der Test fing mit harmlosen Fragen an wie: Wenn du unter allen Menschen auf der Welt eine Person aussuchen könntest, wen würdest du zum Abendessen einladen? Oder: Hast du eine geheime Ahnung, woran du sterben wirst? Oder: Gibt es etwas, das zu ernst ist, als dass man darüber Witze machen sollte, und wenn ja, was?

Als es jedoch galt, drei Dinge aufzuzählen, die beide Testpersonen miteinander gemeinsam hatten, kamen sich die beiden schon näher. Und später wurden sie aufgefordert, einander zu erzählen, wann sie das letzte Mal geweint hatten, und gestanden sich, was die eine Sache sei, die sie gern von einem Wahrsager wüssten.

Nachdem die letzte der 36 Fragen beantwortet war, folgte der wichtigste Teil des Experiments – vier Minuten schweigender Augenkontakt. Laut Aron der finale Eisbrecher und der Moment, in dem zwei Menschen tiefe Sympathien füreinander entwickeln. Nachdem sich beide verletzlich gezeigt haben, baut sich in diesen vier Minuten eine starke emotionale Bindung auf. So entstand zwischen einander völlig Fremden in nur anderthalb Stunden eine große Nähe. Übrigens nahmen alle Paare allerspätestens nach dem vierminütigen Blickkontakt auch körperlich Kontakt miteinander auf.

Arthur Aron hat dieses Experiment noch viele Male wiederholt, und es wurde weltweit an zahlreichen Unis nachgestellt. Das Ergebnis war immer das gleiche.

2016 wiederholte Amnesty International nur den Teil mit den vier Minuten Augenkontakt, um auszuprobieren, wie Vorurteile zwischen Flüchtlingen und Europäern abgebaut werden können. Die Organisatoren versammelten in einer Berliner Fabrikhalle rund ein Dutzend Menschen unterschiedlichster Altersklassen und Ethnien. Die Mädchen, Frauen, Jungs und Männer stammten aus Deutschland, Belgien, Polen, Großbritannien, Somalia und dem Bürgerkriegsland Syrien.

Es war ein eindrucksvoller und inspirierender Tag, und es entstand ein sehr berührender Film, der mich mehrfach zu Tränen gerührt hat.

Du kannst ihn auf Youtube unter dem Titel »Look Beyond Borders – 4 Minutes« sehen. http://bit.ly/1qGFMfF

Falls du es auch mal ausprobieren willst: Hier sind die Fragen!

36 Fragen und ein langer Augenblick

Diese Fragen bringen Menschen dazu, einander zu vertrauen.

1. Wenn du unter allen Menschen auf der Welt aussuchen könntest, wen würdest du zum Abendessen einladen?
2. Wärst du gern berühmt? Wie würde das sein, und wie wärst du?
3. Hast du jemals geprobt, was du sagen willst, bevor du jemanden angerufen hast? Und warum?
4. Stell dir deinen perfekten Tag vor … Wie würde der aussehen?
5. Wann war das letzte Mal, dass du einfach so für dich selbst gesungen hast? Und wann hast du das letzte Mal für einen anderen Menschen gesungen?
6. Angenommen, du weißt, du wirst 90 Jahre alt werden. Und angenommen, du könntest dir aussuchen, ob du ab 30 für die letzten 60 Jahre entweder den Geist oder den Körper eines oder einer 30-Jährigen behalten könntest. Wofür würdest du dich entscheiden?
7. Hast du eine geheime Ahnung, woran du sterben wirst?

8. Nenne drei Dinge, die du und ich deiner Meinung nach gemeinsam haben.

9. Wofür bist du in deinem bisherigen Leben am dankbarsten?

10. Wenn du auf deine Erziehung zurückblickst und du gleich jetzt etwas ändern könntest: Was würdest du ändern?

11. Nimm dir vier Minuten Zeit, und erzähle deinem Partner die Geschichte deines Lebens, so detailliert wie möglich.

12. Stell dir vor, du würdest morgen mit irgendeiner neuen Eigenschaft oder Fähigkeit aufwachen. Welche hättest du gern?

13. Wenn dir eine Wahrsagerin die Wahrheit über deine Zukunft vorhersagen könnte, also alles, was in den nächsten Jahren passiert: Was würdest du wissen wollen?

14. Was wolltest du schon immer mal machen, was du noch nie getan hast?

15. Was ist der bisher größte Erfolg deines Lebens?

16. Was ist für dich in einer Freundschaft das Wichtigste?

17. Wenn du an die schönsten Momente in deinem Leben denkst: Welcher Moment ist deine schönste Erinnerung?

18. Und da leider nicht immer alles gut läuft im Leben: Was ist deine schlimmste Erinnerung?

19. Stell dir vor, du wüsstest mit Sicherheit, dass du in einem Jahr stirbst. Würdest du etwas an deiner Lebensweise ändern? Was und warum?

20. Was für eine Bedeutung hat Freundschaft in deinem Leben?

21. Welche Rolle spielen Liebe und Zuneigung in deinem Leben?

22. Das ist eine Aufgabe an beide: Sagt euch abwechselnd, welche positiven Charakterzüge euer Gegenüber hat. Jeder soll dabei fünf nennen.

23. Hast du das Gefühl, dass deine Kindheit glücklicher war als die der meisten anderen?

24. Wie ist die Beziehung zwischen dir und deiner Mutter?

25. Jeder von euch macht drei wahre »Wir«-Aussagen. Zum Beispiel: »Wir sind beide in diesem Raum und fühlen uns …«

26. Vervollständige den folgenden Satz: »Ich wünschte, ich hätte jemanden, mit dem ich … teilen könnte.«

27. Wenn du mit deinem Gegenüber eng befreundet sein wolltest, was wäre dann für ihn oder sie wichtig zu wissen?

28. Sage deinem Partner, was du an ihm magst. Sei ehrlich und sage auch Dinge, die du einer Person, die du zum ersten Mal triffst, vielleicht sonst nicht sagen würdest.

29. Erinnerst du dich an einen extrem peinlichen Moment in deinem Leben?

30. Wann hast du das letzte Mal vor einer anderen Person geweint? Wann hast du das letzte Mal alleine geweint?

31. Sag deinem Gegenüber etwas, das du jetzt schon an ihm oder ihr magst.

32. Gibt es etwas, das zu ernst ist, als dass man Witze darüber machen dürfte, und wenn ja, was?

33. Wenn du heute Abend sterben würdest, ohne mit noch jemandem gesprochen zu haben: Was würdest du bereuen, nicht gesagt zu haben? Warum hast du das nicht schon vorher jemandem erzählt?

34. Dein Haus, mit allem was dir gehört, fängt Feuer. Nachdem du deine Liebsten und die Haustiere gerettet hast, bleibt dir noch Zeit, um genau einen Gegenstand zu holen. Was würdest du retten und warum?

35. Der Tod welches Familienmitgliedes wäre für dich am schlimmsten? Warum?

36. Erzähle deinem Partner von einem persönlichen Problem und frage, wie er oder sie mit dem Problem umgehen würde. Bitte deinen Partner anschließend zu reflektieren, wie du gewirkt hast, als du ihm von deinem Problem erzählt hast.

Hier kannst du die Fragen als PDF herunterladen:
www.patricklynen.net/36fragen

Die Vertrauens-Faustregel

Warum reagieren wir eigentlich derart feinfühlig auf die Botschaften anderer Menschen? Warum checken wir in jeder Sekunde ganz genau, was um uns herum los ist und was uns die Menschen um uns herum verbal und nonverbal mitteilen?

Wieder wirkt unsere evolutionäre Prägung: Früher, in wilderen Zeiten, mussten wir gleich bei der ersten Begegnung zweifelsfrei erfassen, ob ein Fremder eine mögliche Bedrohung darstellt. Wir mussten voraussahnen, wie eine Begegnung ablaufen wird. Dieses archaische »Erspüren« beeinflusst uns bis heute. Denn es war wichtiger, mögliche Gefahren zu entgehen, als potenzielle Paarungspartner zu finden.

Unser Gehirn reagiert deshalb sechs Mal stärker auf negative Eindrücke. Außerdem merkt es sich diese negativen Empfindungen länger. So zahlt jede einzelne Begegnung sozusagen auf unser Vertrauenskonto ein. Die Faustregel dazu lautet:

1 vertrauensmindernde Begegnung
+ 6 vertrauensbildende Begegnungen
= 0 (neutral)

Vertrauensmindernd wirken:

Skepsis, Abgrenzung, Unehrlichkeit, Misstrauen, Verrat, Unaufrichtigkeit, Überheblichkeit, Arroganz, Scheinheiligkeit, Gehässigkeit, Streit.

Vertrauensbildend wirken:

Empathie, Offenheit, ehrliche Komplimente, Mitgefühl, Ehrlichkeit, Augenhöhe, Unterstützung, Freundlichkeit, Zuverlässigkeit.

Wir haben damit eine Formel in der Hand, mit der wir unsere Vertrauenswürdigkeit abschätzen können. Für eine einzige geringschätzige Handlung, für ein einziges Mal, wo wir die Gefühle anderer Menschen mit Füßen treten, die Schuld auf andere schieben, unserem Umfeld drohen oder andere vor Publikum bloßstellen, müssen wir uns mindestens sechs Mal um Vertrauensbildung bemühen, um die Beziehung wieder auf das vorherige Vertrauensniveau zu bringen.

Kommunikation – die Basis für Vertrauen

Menschen kommunizieren immer, selbst wenn sie nicht reden. Noch bevor jemand etwas sagt, verrät seine Körpersprache bereits eine ganze Menge über ihn. Mimik, Körperhaltung und Gestik vermitteln vielleicht: »Ich möchte schweigen, kein Interesse, lass mich bitte in Ruhe« oder »Ich bin neu hier – ich will erst mal zuschauen«. Beim Sprechen kommt neben den Worten dann noch die Stimmlage dazu, durch die schon ein »Hallo« ganz unterschiedlich klingen kann. Und so unterschiedlich wir dieses »Hallo« in die Welt schicken, so unterschiedlich werden die Menschen auf das reagieren, was ihnen da entgegenkommt.

Viele Menschen glauben, dass vor allem demonstrative Stärke oder Rhetorik über Erfolg oder Misserfolg entscheiden. Sie stellen heraus, wie souverän, klug, toll, kompetent und eloquent sie sind und wie großartig und überragend sie ihre Aufgaben bewältigen. Sie glauben, dass die Kommunikation der eigenen Eigenschaften zu Vertrauen führt. Doch umgekehrt wird ein Schuh daraus: Wir vertrauen eher Menschen, die innere Ruhe und echte Selbstsicherheit vermitteln und die zuhören können. Kompetenz rechnen wir anderen häufig erst zu, wenn wir ihnen vertrauen.

Ein Beispiel: Nehmen wir an, du willst eine nicht ganz ungefährliche Bergtour machen und hast die Wahl zwischen zwei Bergführern: Du kannst mit dem älteren, erfahrenen und eher zurückhaltenden Alois aus Zell am Ziller gehen, der schon sein ganzes Leben lang Menschen durch die Berge führt. Er begrüßt alle, stellt sich vor, fragt nach den Namen der Teilnehmer und deren Bergerfahrung, dann erklärt er die Etappen. Mehr nicht. Oder du kannst mit dem jungen, sportlichen Ulf aus München gehen, der immer einen Spruch auf den Lippen hat, sich gerne als coolen Typen darstellt und schon gestern Abend die ganze Hütte zum Lachen gebracht hat.

Na, mit wem würdest du lieber gehen? Ich würde jedenfalls lieber Alois hinterherlaufen. Ihm traue ich eher zu, dass er mich sicher ins Tal zurückbringt.

Wie entsteht Misstrauen?

Um vertrauensbildend wirken zu können, kann es hilfreich sein, zu verstehen, welche Verhaltensweisen zu Misstrauen beitragen. Im wahren Leben bekommen wir oft nur unzureichend Feedback, um unsere eigenen Muster zu erkennen.

Wir setzen unsere Mitmenschen unter Stress, indem wir zum Beispiel:
- lauter oder schneller sprechen, als es den anderen angenehm ist,
- uns in den Vordergrund spielen,
- andere mit Fragen bedrängen,
- mehr reden, als unser Gegenüber hören will,
- immer wieder das Gleiche erzählen,
- gar nichts sagen,
- Forderungen aufstellen,
- unser Gegenüber abwerten,
- Druck oder Macht ausüben,
- andere überfordern,
- unzuverlässig wirken,
- sofortiges Verständnis erwarten.

Die wenigsten von uns sind daran interessiert, im Gehirn unseres Gegenübers als Stressfaktor verankert zu werden. Ich hoffe, mit dieser Auflistung deine Neugier zu wecken, welche Art der Kommunikation denn nun eher ins Vertrauen führt.

33 Tipps für vertrauensbildende Gesprächsführung

1. Prüfe vor dem Gespräch deine Haltung zum Gesprächspartner. Sie bestimmt das Gespräch.
2. Sorge für einen angenehmen Gesprächsrahmen.
3. Klarheit schafft Vertrauen. Welches Ziel hat das Gespräch? Wir mögen Menschen mit klaren Zielen und eindeutigem Verhalten.
4. Rede klar, direkt und ehrlich, ohne zu manipulieren, zu tricksen oder zu behaupten.
5. Sprich dein Gegenüber mit Namen an.
6. Fahr gleich zu Beginn deine Antennen aus, halte Blickkontakt.
7. Erkenne das Energieniveau deines Gegenübers. Achte vor allem auf nonverbale Signale. Fühlt er/sie sich wohl?
8. Sende Ich-Botschaften. Alles ist subjektiv. Und meistens sogar relativ.
9. Mach deine eigenen Bedürfnisse transparent und verständlich.
10. Hör zu und lass dein Gegenüber ausreden.
11. Stell das Gespräch und deinen Gesprächspartner über dein eigenes Ego.
12. Stell Fragen.
13. Geh inhaltlich in angemessenen Schritten voran.
14. Schaffe in Gesprächen ausreichend Raum für Humor.
15. Formuliere eindeutig, bildhaft und angemessen emotional.
16. Wiederhole wichtige und zentrale Erkenntnisse, auf die du und dein Gegenüber sich geeinigt haben.
17. Gib das, was du im Gespräch verstanden hast, mit eigenen Worten wieder. Damit werden Missverständnisse unwahrscheinlicher.
18. Vermeide Verallgemeinerungen und Killerphrasen wie »Das geht so nicht!«.
19. Trenne Aussagen über die Sache, um die es geht, von Aussagen über die Person.

20. Vermeide Richtig/Falsch-Diskussionen.
21. Sprich eine Irritation möglichst zeitnah an, und benenne dabei deine Beobachtungen.
22. Formuliere keine Schuldzuweisungen, sondern sprich von deinen Gefühlen und Bedürfnissen.
23. Betrachte Kritik als eine Aussage des anderen über sich selbst.
24. Benenne das, was du willst, und nicht das, was du nicht willst.
25. Nimm Kritik nicht persönlich, denn sie ist immer subjektiv.
26. Verzichte bei Diskussionen auf »olle Kamellen«.
27. Akzeptiere, wenn dein Gegenüber signalisiert, dass er/sie das Gespräch beenden möchte oder aus einer Diskussion aussteigen will.
28. Bleibe wohlwollend, auch wenn du unter Druck gerätst.
29. Sprich über Ideen und Möglichkeiten. Ein zielführendes Gespräch sollte Verbesserungspotenziale aufzeigen.
30. Fasse das Ergebnis des Gespräches gegen Ende noch mal kurz zusammen. Vereinbare möglichst klare Ziele (was/wer/wann/wo?).
31. Sag aufrichtig Danke, wenn das Gespräch gut verlaufen ist.
32. Schau deinem Gegenüber am Ende des Gespräches noch einmal in die Augen, und schenk ihm wenn möglich ein Lächeln.
33. Verabschiede dein Gegenüber mit Namen.

Wer fragt, der führt

Werden wir von jemandem herausgefordert oder wollen wir etwas ansprechen, was uns stört, können wir mit Fragen fast jede Situation für uns gewinnen. Mit wertschätzenden Fragen wie »Siehst du das anders als ich? Warum siehst du das so? Seit wann hast du das Gefühl? Wie können wir das lösen?« bleiben wir diplomatisch und souverän. Mit der nötigen Gelassenheit entsteht so ein respektvolles Miteinander, was zu viel besseren Ergebnissen führt als starre Beharrlichkeit oder Rechthaberei.

Wir nutzen damit eine alte journalistische Grundtugend: Wer fragt, der führt. Fragen sind ein sehr weises und machtvolles Instrument. Nicht ohne Grund genießen Frageberufe wie Arzt oder Anwalt nach wie vor ein großes Ansehen. Menschen die mit echtem Interesse nachfragen, erfahren etwas über den Gesprächspartner, seine Haltung und Sichtweise, über seine Gefühle, Wünsche, Bedürfnisse und Ziele. Ernst gemeinte Fragen sind eine ganz wundervolle Methode, um Gespräche besser zu steuern und neue Gedankenansätze zu finden.

Das Fragen ist jedoch nur sinnvoll, wenn wir auch den Antworten zuhören. Das ist oft leichter gesagt als getan. Darum geht es in den nächsten Kapiteln.

Zuhören erfordert Mut

Zuhören ist ein Abenteuer, das Mut erfordert. Diesen Mut bringen wir nur selten auf. Wir leben in einer extrem sendungsbetonten Welt. Meistens bereiten wir, noch während der andere spricht, im Geiste schon unsere Antwort vor. Während wir innerlich mit Bewerten, Sortieren, Korrigieren und Formulieren beschäftigt sind, hören wir nur noch mit einem halben Ohr zu. Dabei ist das bewusste Empfangen und Hinhören für die Verständigung viel wichtiger als das Senden und Vermitteln.

Wann hast du das letzte Mal wirklich intensiv zugehört? Gelassen, entspannt, interessiert, mit offenen Ohren und offenem Herzen? Ohne innerlich mit den Hufen zu scharren und nach einer Minute zu denken: »Jaja, du brauchst gar nicht weiterzureden. Ich weiß genau, was du mir sagen willst …« Ohne ungefragt von den eigenen Problemen zu berichten, ohne an die offenen To-do-Punkte in deiner »Gesprächsliste« zu denken oder mit »Jaja, das kenne ich auch« oder »Ja, aber …« den Gesprächsfluss abzuwürgen. Ohne das Gespräch auf eine Story zu lenken, die du wichtiger, dramatischer und spannender findest.

Vielleicht denkst du jetzt: »Bei mir ist das ganz anders! Ich kann sehr gut zuhören. Das kann jeder bestätigen.« Ja, das denke ich auch gerne von mir. Es gefällt mir, mich als achtsamen Zuhörer zu sehen, der sich fein-fühlig zurücknehmen kann. Oft gelingt mir das auch – jedenfalls immer öfter. Ich habe verstanden, wie entspannt und heilsam ein offenes und nicht bewertendes Zuhören sein kann. Für beide Seiten.
Auch wenn ich mich leider nach wie vor manchmal dabei ertappe, hektisch dazwischenzugrätschen.

Momo und die grauen Männer

»Was die kleine Momo konnte wie kein anderer, das war: Zuhören. (…)

Und so wie Momo sich auf das Zuhören verstand, war es ganz und gar einmalig. Momo konnte so zuhören, dass dummen Leuten plötzlich sehr gescheite Gedanken kamen. Nicht etwa, weil sie etwas sagte oder fragte, was den anderen auf solche Gedanken brachte, nein, sie saß nur da und hörte einfach zu, mit aller Aufmerksamkeit und aller Anteilnahme. Dabei schaute sie den anderen tief mit ihren großen, dunklen Augen an, und der Betreffende fühlte, wie in ihm auf einmal Gedanken auftauchten, von denen er nie geahnt hatte, dass sie in ihm steckten. Sie konnte so zuhören, dass ratlose oder unentschlossene Leute auf einmal ganz genau wussten, was sie wollten. Oder dass Schüchterne sich plötzlich frei und mutig fühlten. Oder dass Unglückliche und Bedrückte zuversichtlich und froh wurden.

Und wenn jemand meinte, sein Leben sei ganz verfehlt und bedeutungslos und er selbst nur irgendeiner unter Millionen, einer, auf den es überhaupt nicht ankommt und der ebenso schnell ersetzt werden kann wie ein kaputter Topf, und er ging hin und erzählte alles das der kleinen Momo, dann wurde ihm, noch während er redete, auf geheimnisvolle Weise klar, dass er sich gründlich irrte, dass es ihn, genauso wie er war, unter allen Menschen nur ein einziges Mal gab und dass er deshalb auf seine besondere Weise für die Welt wichtig war. So konnte Momo zuhören!«

Michael Ende: Momo
© 1973, 2005 Thienemann in der Thienemann-Esslinger Verlag GmbH, Stuttgart

Vertrauenskiller »Ja, aber …!«

Wie viele Menschen war auch ich lange Zeit in dieser reflexartigen Talkshow-Haltung gefangen, in der ich gar nicht wirklich mitgekriegt habe, was eigentlich die Frage war. Mir wurde das vor über 15 Jahren während meiner Ausbildung zum Trainer und Supervisor plötzlich sehr deutlich vor Augen geführt, als die Seminarleiterin zu mir sagte: »Du bist ein typischer JA, ABER-Typ.« Sie erklärte mir, »Ja, aber …« zu sagen – das sei eine typische Schutz- und Abwehrstrategie. Durch negative Lebenserfahrungen würde unsere angeborene Offenheit von Vorsicht und Misstrauen überlagert. Dann bauen wir uns eine innere Festung und verschanzen uns hinter Erwiderungen wie »Ja, aber …«.

Zunächst wies ich das natürlich gaaaaanz weit von mir. Doch instinktiv wusste ich, sie hatte mich erwischt. Mir wurde schmerzhaft bewusst, wie ich durch mein ständiges »Ja, aber …«-Sagen eine unsichtbare Barriere zwischen mich und andere Menschen stellte. Diese Abgrenzung machte es mir schwer bis unmöglich, zu anderen Menschen wirklich vertrauensvolle Beziehungen aufzubauen. Ich erkannte: Mit einem schnellen »Ja, aber …« zeige ich nur, dass ich nicht zugehört habe und mit der Aufmerksamkeit nur bei mir selbst bin. Autsch.

Mittlerweile sage ich statt »Ja, aber …« lieber »Ja, und …!«. Denn ich habe erkannt: Nur wer die Interessen und Gefühle seiner Mitmenschen achtet, gewinnt ihr Vertrauen. Und so versetze ich mich immer öfter in mein Gegenüber hinein und frage mich: Was lässt ihn/sie so argumentieren? Was ist ihr/ihm wichtig?

Hörst du gut zu?

Glaubst du, dass du ein guter Zuhörer bist? Möchtest du wissen, wie andere das erleben? Dann mach doch gleich jetzt einen kleinen Test.

Notiere dir die Namen von drei Menschen, die dir wirklich richtig wichtig sind. Los geht's!

1. _____

2. _____

3. _____

Und nun schreib diesen Menschen einfach eine kurze Nachricht. Hier mein Vorschlag für den Text:

Hey, liebe/r ...
ich lese gerade ein spannendes Buch. Der Autor beschäftigt sich darin mit der Art und Weise, wie wir mit unserem engsten Umfeld kommunizieren. Und da ist mir diese Idee gekommen, dir die folgenden Zeilen zu schreiben.

Hast du den Eindruck, dass ich dir meistens gut zuhöre?
Fühlst du dich meistens von mir verstanden?
Rede ich dir manchmal zu viel oder zu wenig?
Gibt es etwas, bei dem du dich von mir nicht so gut verstanden fühlst?

Ich freue mich auf deine ehrliche Antwort. Denn du gehörst zu den wichtigsten Menschen in meinem Leben.

Dein/e
XYZ

Wir haben kein WLAN

Redet miteinander!
Tut so, als wäre es 1995

CAFÉ LYN IN

Subkutane Botschaften

Versuch doch mal, die unterschwelligen Botschaften und Erwartungshaltungen folgender Sätze herauszuhören:

»Na ja, das geht aber noch besser …«

»Wann hast du denn die Berichte fertig?«

»Mit deiner Schönheit kannst du die Welt aus den Angeln heben.«

»Wen triffst du denn da so alles?«

Als Sender halten wir solche Botschaften häufig für harmlos. Doch bei unseren Partnern, Mitarbeitern oder Freunden kommt unter Umständen eine andere Information an. Sie hören in solchen Momenten vielleicht:

»Du bist nicht gut genug.«

»Du bist zu langsam.«

»Ich liebe dich, weil du so gut aussiehst.« (Mit der logischen Folge: Wenn du nicht gut aussiehst, liebe ich dich nicht.)

»Ich vertraue dir nicht.«

Solche mehrdeutigen Botschaften können Stress auslösen und machen Druck. Das Gegenteil dieser Haltung ist eine Botschaft, die weniger Erwartung und mehr Vertrauen vermittelt. Nach dem Motto: »Wir sind beide Menschen, die sich von Tag zu Tag entwickeln, und mich interessiert diese Entwicklung vom Guten zum Größeren.«

Versuche, selbst so zu sein, wie du dir wünschst, dass der andere es ist: ein Mensch, der Freude an und mit sich hat. Jemand, der gut für sich selbst und damit auch für andere sorgt. Versuche, den anderen so anzunehmen, wie auch du angenommen werden möchtest. Und mache dir bewusst, dass deine Erwartungen unter Umständen mehr über dich aussagen als über den anderen.

Die Erkenntnis, dass andere Menschen nur eine Projektionsfläche für unsere eigene Unzufriedenheit darstellen, ist ein wichtiger Schlüssel zu mehr Vertrauen und weniger Erwartung in jeder Beziehung. Erwarte heute und in den kommenden Tagen mal gar NICHTS von deinen Nächsten, so schwer dir das auch fallen mag. Nimm sie so an, wie sie sind. Schau einfach, was dann passiert.

So viele Münder und so viele Ohren

Spätestens an dieser Stelle dürfte jedem klar sein: Wir alle sind unglaublich sensibel, wenn es um das Dekodieren von Botschaften geht. Wir Menschen sind latente Vertrauensanalysten. Das Gesagte und Gehörte geht stets über die inhaltlich gesprochenen Worte hinaus.

Der Psychologe Prof. Dr. Friedemann Schulz von Thun, Autor der drei beliebten Bände *Miteinander reden,* hat vor einigen Jahren erkannt, dass jeder Mensch Botschaften auf vier Ebenen sendet und empfängt. Auf diese Weise vermitteln wir Subtexte und indirekte, versteckte Botschaften.

Ein simples Beispiel illustriert, wie das im Alltag funktioniert:

Zwei Freunde stehen im Auto gemeinsam vor einer roten Ampel. Die Ampel wird grün, der Fahrer tritt jedoch nicht sofort aufs Gaspedal. Der Beifahrer kommentiert das augenblicklich mit einem nachdrücklichen: »Grüüüüün!!!!«

Damit sagt er nicht nur, dass die Ampel grün ist (Sachinformation), sondern vielleicht auch: »Ich bin genervt und der bessere Fahrer.« (Selbstkundgabe) »Du brauchst offensichtlich Hilfe.« (Beziehungsebene) Oder: »Fahr endlich los!« (Apell-Ebene)

Anhand dieses kleinen Beispiels wird klar, dass jeder von uns mit unterschiedlichen »Mündern« spricht und das Gegenüber mit mehreren »Ohren« zuhört.

Zur besseren Übersichtlichkeit eine kleine Tabelle:

	AUS SENDER-PERSPEKTIVE	AUS EMPFÄNGER-PERSPEKTIVE
SACHINFORMATION	Welche Fakten und Infos biete ich?	Was erfahre ich gerade?
SELBSTKUNDGABE	Was gebe ich von mir preis?	Was ist das für eine/r?
BEZIEHUNGSEBENE	Was halte ich von dir?	Wie steht er/sie zu mir? Was hält er/sie von mir?
APPELL-EBENE	Wozu möchte ich dich veranlassen?	Was will er/sie von mir?

Buchtipp: *Miteinander reden* von Friedemann Schulz von Thun.

Soft Skills entscheiden

Sogenannte »Soft Skills« – Selbstvertrauen, Mitgefühl und Freundlichkeit – werden nach wie vor in manchen Kreisen eher abschätzig oder naserümpfend betrachtet. Schließlich muss in der multimedialen Welt ja alles immer überall ganz schnell gehen, da sei für verbale Folklore kein Platz. Manche Menschen halten diese Qualitäten bestenfalls für eine nette Ergänzung zu den sogenannten Hard Skills wie Tempo, Fachwissen oder Analysefähigkeit. Doch dieses Denken ist inzwischen überholt. Google beispielsweise legt bei seinen Führungskräften verstärkt Wert auf die Fähigkeit, vertrauensbildend zu arbeiten. Dazu gehören für Google-Personaler Laszlo Bock ein starkes Selbstvertrauen und ein respektvoller Umgang mit den Kollegen. »Wenn ein Kollege die besseren Lösungsansätze für eine Aufgabenstellung hat, müssen Menschen bei Google ihr Ego komplett zurückstellen können«, so Chef-Personalmanager Laszlo Bock. Er nennt das »adaptive Führung«.

Es geht darum, nicht nur das eigene Ich als Mittelpunkt des Denkens und Handelns wahrzunehmen, sondern in den Austausch zu gehen. Frei nach dem Motto: Nimm in Demut die Ideen anderer an, trage deinen Teil zur Problemlösung bei, gehe hier einen Schritt nach vorne, dort wieder ein Stück zurück – und am Ende erzielen alle gemeinsam ein gutes Ergebnis. Respektvolle Kommunikation, ehrliches Feedback. Vertrauen in die eigenen Fähigkeiten und gleichzeitig die Fähigkeit, sich zurückzunehmen und von anderen zu lernen, sind dabei unerlässlich.

Vordenker im Bereich von Unternehmen haben längst verstanden: Nur über Soft Skills wie Selbstvertrauen, Respekt und Empathie sind Hard Skills wie Fachkompetenzen, Intelligenz, Präzision und andere Fertigkeiten überhaupt effektiv nutzbar. Denn was hilft uns eine noch so kompetente und brillant analytische Person, wenn sie im ständigen Dauerclinch mit den Kollegen oder Mitarbeitern liegt. Erst über Faktoren wie Einfühlungsvermögen, Flexibilität und Vertrauen ergeben sich flüssige Abläufe, Team-Synergien und eine konstruktive Fehlerkultur.

Der Chef, den keiner mehr wollte

Kürzlich war ich in Wremen. Nein, kein Schreibfehler. Das zauberhafte Wremen liegt direkt an der Nordseeküste. Außer der plattdeutschen Dorfidylle hat Wremen ein Muschelmuseum, ein Museum für Wattenfischerei und einen Leuchtturm zu bieten. Und ein schickes Hotel, welches in pittoresker Lage mitten auf dem Deich steht. Der Hoteldirektor Sebastian Schmidt und ich haben vor einiger Zeit gemeinsam eine »Runde Ecke« durchgeführt, in der Menschen aus der Region ihre Geschichte erzählten. Unterstützt wurden wir von Bodo Janssen, dem Inhaber der Hotelkette Upstalsboom, dem auch das Hotel Deichgraf gehört.

Bodo wurde in den vergangenen Monaten durch sämtliche Talkshows gereicht, weil er als »Sozialunternehmer« einen neuen Weg beschreitet. In seiner Firma ging es früher zu wie in jedem konventionellen Unternehmen: Upstalsboom zeichnete sich durch eine eher hierarchischmechanistische Grundhaltung aus, in Kombination mit einer ausgeprägten Demut vor Excel-Tabellen. Der Laden wurde gemanagt statt geführt, die Zahlen standen im Vordergrund, Mitarbeiter waren »human resources«. Ein verräterischer Begriff, weil er an die Ausbeutung von Rohstoffreserven erinnert. Doch als Bodo Janssen bei einer Mitarbeiterbefragung von seinen Untergebenen ein ziemlich schlechtes Zeugnis ausgestellt bekam, wurde er nachdenklich. Manchmal braucht ein Mensch eine Statistik, um zu verstehen, was um ihn herum so alles passiert. An den nackten Zahlen ließ sich nichts schönreden. Das Ergebnis tat ihm weh. Sehr weh. Offensichtlich ging es der Mannschaft unter seiner Ägide nicht gut. Seine Mitarbeiter wollten ihn am liebsten loswerden.

Er beschloss, sein Unternehmen zu verändern. Radikal. Sinnvollerweise fing er bei sich selbst an, denn bekanntlich stinkt auch der norddeutsche Fisch vom Kopf her. Anderthalb Jahre lang besuchte Bodo regelmäßig ein

Benediktinerkloster, hinterfragte sein Menschenbild und begann, neue Sichtweisen in sein Leben zu holen. Durch zahlreiche Gespräche im Kloster wurde ihm klar, dass sich Menschen unter Druck klein fühlen, Angst haben, ihr Versagen fürchten und kein Vertrauen fassen. Wer fürchtet, öffentlich gescholten oder degradiert zu werden, wird es kaum wagen, innovativ oder kreativ zu sein.

Nach der Zeit im Kloster begann Bodo den Umbau seines Unternehmens unter dem Motto: Wertschöpfung durch Wertschätzung. Ein tolles Motto. Und was sich bei den meisten Firmen in einem schicken Marketingwortschwall erschöpft hätte, wurde hier verwirklicht. Jeder Mitarbeiter wurde in der Folge in wichtige Prozesse des Unternehmens eingebunden und respektvoll behandelt. Alle sollten ihre Kompetenzen nach Wunsch erweitern können. Menschen konnten auf Tätigkeiten im Unternehmen wechseln, die besser zu ihnen passten. Und auch auf der Führungsebene hat sich fast alles geändert: Die Hotels und Apartment-häuser der Unternehmensgruppe werden inzwischen zunehmend von Menschen wie Sebastian geführt, die eine hohe soziale und emotionale Kompetenz haben. Bodo beschäftigt neugierige und herzliche Menschen, die sich teilweise erst langsam in die Geschicke eines Hotels einfinden müssen. Dabei wird ihnen von den Mitarbeitern vor Ort geholfen, was das gegenseitige Verständnis, Respekt und Vertrauen fördert. Und siehe da: Inzwischen ist Upstalsboom einer der beliebtesten Arbeitgeber in Europa.

In der »Runden Ecke« in Wremen hat Bodo sehr emotional erzählt, wie er vom Saulus zum Paulus wurde und was er zunächst bei sich und dann im Unternehmen geändert hat (siehe nächstes Kapitel). Seit die Zahlen nicht mehr im Mittelpunkt stehen, sind seine Bilanzen übrigens besser denn je: Die Mitarbeiterzufriedenheit stieg um 82 %. Der Krankenstand fiel von 8 auf 3 %. Die Anzahl der Bewerbungen hat sich versechsfacht, die Gästezufriedenheit erreicht an einigen Orten die beeindruckende Zahl von 98 %. Und die Umsätze haben sich verdoppelt.

Erstaunlich, oder? Wertschätzung, Vertrauen und eine gemeinschaftliche Idee wirken Wunder. Wenn alle wissen, dass sie respektiert werden, offen ihre Meinung sagen können und sich kreativ einbringen können, entsteht Motivation. Diese Motivation führt mit der richtigen Strategie zum Erfolg. So einfach kann das Leben sein. Natürlich nutzt Bodo seine neue Form der Menschlichkeit auch als Marketing- und Akquise-Instrument. Das sei ihm gegönnt. Warum auch nicht? Sollen ruhig alle wissen, dass es den Menschen bei Upstalsboom gut geht.

Vom Misstrauen ins Vertrauen

Gastkapitel von Bodo Janssen, Geschäftsführer Upstalsboom

Wenn ich über meinen Wandel nachdenke, dann berührt mich besonders, dass ich meine kindlichen Sehnsüchte im heutigen Handeln wiederfinde. Schon als Kind habe ich Grenzen nicht akzeptiert. Zum Beispiel habe ich mich unter dem Maschendrahtzaun des Kindergartens durchgebuddelt, um nach Hause zu laufen. Auch in der Schule gelang es meinen Lehrern nicht, mich zu einem »Pflichterfüller« zu degradieren. In mir schrie schon früh alles nach Freiheit. Vielleicht liegt es auch daran, dass ich nur zwei Kilometer vom sogenannten Upstalsboom entfernt geboren wurde, einem Ort, an dem vor über 700 Jahren die Häuptlinge der sieben Lande die friesische Freiheit begründeten, mit dem Satz »Lieber tot als Sklave!«.

Ich hatte diesen Freiheitsdrang jedoch lange Zeit verdrängt. Erst während meiner Klosterzeit entstand meine Vision von Freiheit in jedem von uns. Ich erkannte, dass ich nur dann wirklich zufrieden bin, wenn ich jedem Menschen den Freiraum zubillige, den ich für mich einfordere. Mir wurde bewusst, dass alles, was wir tun, eine Frage der Haltung ist: Diene ich meinem Ego, dem Machterhalt, meinem Geldbeutel, der ewigen Suche nach Anerkennung – oder diene ich mit meinem Handeln der freigeistigen Entwicklung möglichst vieler Menschen? Bin ich eine Ursache dafür, dass es anderen schlecht geht, oder kann ich nicht auch der Treuhänder für das Wohl der Menschen um mich herum sein? Natürlich ist mir bewusst, dass ich niemanden glücklich machen kann. Doch ich kann die Rahmenbedingungen dafür schaffen, dass jemand für sich das findet, was ihn glücklich macht.

Wenn mir meine Mitarbeiter nach dieser langen Phase des Egos, des Zweifelns, des Misstrauens und der Gewinnmaximierung heute sagen, dass sie in unserem Umfeld ein Stückchen mehr Freiheit leben können, bin ich glücklich. Das ist, wofür ich jeden Tag um vier Uhr früh aufstehe.

Ich sehe mich heute als Wegbereiter und Begleiter der Menschen auf ihrer Reise zu sich selbst.

Diese Reise von der Unbewusstheit in eine größere Bewusstheit, von der Angst in die Öffnung, vom Misstrauen ins Vertrauen habe ich zunächst selbst durchmachen müssen. Ich bin dabei mit mir selbst in Berührung gekommen, mit meiner Würde und Wahrheit. Ich erlebe heute, wie auch meine Mitarbeiter Schritt für Schritt sich selbst näher kommen. Ich erkenne in ihren Augen oder ihrem Verhalten, dass da etwas wächst, das sie stark, frei, unabhängig und innerlich zufrieden macht. Das rührt mich oft zu Tränen.

Das Video von Bodos Auftritt in Wremen findest du unter »Die Runde Ecke: Ich war der Chef, den keiner mehr wollte« bei YouTube. https://youtu.be/pzNGNtH6HJ0

Schwarmintelligenz

Ich behaupte: Die deutsche Automobilindustrie ist schon tot. Sie weiß es nur noch nicht. Wenn sich ein deutscher Automobilmanager in einem Tesla-Laden umschauen und dabei auch nur im Ansatz erkennen würde, in welcher Geschwindigkeit und Präzision dieser verrückte Elon Reeve Musk mit seinen Leuten Autos, Mobilität und Energiemanagement revolutioniert, müssten sie eigentlich Hals über Kopf in ihre Büros stürzen und alles anders machen als bisher. Vielleicht wäre dann noch etwas zu retten.

Doch nichts dergleichen scheint zu passieren. Hat das etwas mit der Qualität deutscher Ingenieure zu tun? Nein. Mit dem Standort Deutschland? Nein. Mit der Unfähigkeit der deutschen Automobilmanager? Vielleicht. Denn deutsche Autokonzerne werden immer noch geführt wie Verwaltungsbehörden.

Statt Probleme auf kurzen Wegen zu lösen, indem die Person aus Abteilung A mit der Person in Abteilung B spricht, sind die Leute gezwungen, mit ihrem Manager zu sprechen, der wiederum mit seinem Manager spricht, der mit dem Manager in der anderen Abteilung spricht, der dann mit jemandem in seinem Team spricht. In abgeschotteten Zirkeln wird entschieden und delegiert. Basta. Fast so wie vor 5000 Jahren beim Bau der Pyramiden. Klappe halten, weitermachen, der Befehlskette folgen, sonst gibt's Ärger. Für den Erfolg einer Firma in bewegten Zeiten ist das keine besonders schlaue Strategie.

Eine E-Mail, die der exzentrische Multimilliardär und Tesla-Chef Elon Musk vor einigen Jahren an seine Mitarbeiter schickte, zeigt, wie er die Kultur moderner Unternehmen sieht: »Es gibt zwei Schulen, wie Informationen in Unternehmen fließen sollen«, schreibt er. »Der weitverbreitete Weg ist die Kommandokette, was bedeutet, dass jede strategische

Kommunikation immer über einen Abteilungsleiter oder Manager läuft. Das Problem bei diesem Ansatz ist, dass dies vor allem die Macht der Manager sichert – und selten der Gemeinschaft dient.

Bei Tesla soll jeder per E-Mail oder im Gespräch mit jedem anderen kommunizieren können. Das ist der effizienteste Weg, um ein Problem zugunsten der gesamten Firma zu lösen. Du kannst jederzeit mit dem Manager deines Managers sprechen, du kannst auch mit mir reden, ohne dass dir das irgendjemand erlauben müsste. Du solltest dich sogar selbst verpflichten, genau dies zu tun, bis das Richtige passiert ist. (…)

Es geht dabei natürlich nicht um beliebiges Gequatsche, sondern um eine gemeinsame Kultur. Es geht darum, dass wir alle miteinander reden können. Wir können mit den großen Autofirmen niemals in der Größe konkurrieren, also müssen wir dies mit Intelligenz und Agilität tun.«

Respektnetzwerk

Vielleicht denkst du jetzt: Wertschöpfung durch Wertschätzung, tolle Sache, bei Google und Tesla mag das ja so sein, doch meine Arbeits-Wirklichkeit sieht anders aus, voller Konkurrenzkämpfe, Maskentänze und Misstrauen.

Ja, es stimmt, nicht alle Menschen leben einen offenen und ehrlichen Umgang miteinander. Deswegen pflege ich bewusst Kontakte zu Menschen, denen diese Werte genauso wichtig sind wie mir.

Ich nenne es »mein unerschütterliches Respektnetzwerk«. Es basiert auf Authentizität, Direktheit, Verlässlichkeit und Vertrauen, dem für mich wertvollsten Gut in einer sich immer schneller drehenden Welt. Es agiert agil wie ein Schwarm von Fischen, der sich den Gegebenheiten anpasst, sich gegenseitig flankiert und vor Gefahren warnt. Wenn Menschen so miteinander kommunizieren und arbeiten, entsteht eine sehr belastbare Basis. Insbesondere als Freiberufler weiß ich zu schätzen, wenn auch mal ohne Verträge und Schriftstücke vertrauensvoll zusammengearbeitet werden kann.

Natürlich findet man solche Menschen nicht an jeder Straßenecke und in jeder Firma, und es geht auch nicht immer gut. Kürzlich fiel ich damit trotz eindeutiger Vereinbarungen auf die Nase. Kommt vor. Daraufhin habe ich die Verbindung schnell und konsequent abgekühlt. Das ist zwar schade, doch auch das gehört für mich dazu. Anders würde das Prinzip ja gar nicht funktionieren.

Übrig bleibt ein Netzwerk von Menschen, auf die ich mich verlassen kann, auch wenn es mal eng wird. Die halten, was sie versprechen. Die am Ende manchmal sogar mehr tun, als sie versprochen haben. Die ehrlich ihre Meinung sagen, auch wenn sie manchmal wehtut.

Die sich gegenseitig vertrauen und ihr Vertrauen erst zurückziehen, wenn sie nachweislich getäuscht oder enttäuscht wurden. Und die anderen nach einer angemessenen Frist trotzdem die Chance geben, erneut ihr Vertrauen zu gewinnen.

Nenn ich dich, so kenn ich dich

Irgendwann in den 90ern war ich als Musikjournalist auf einer großen Pressekonferenz mit dem US-amerikanischen Country-Superstar Garth Brooks. Garth saß zusammen mit seinem Management und den Vertretern der Plattenfirma an der Stirnseite des Raumes, vor ihm über 35 Journalisten aus ganz Europa. Zu Beginn fragte er die Anwesenden nach ihren Namen und ihrem Auftraggeber. Und er vermochte es tatsächlich, sich jeden einzelnen Vornamen der anwesenden Journalisten zu merken! Ich war beeindruckt.

Wie genau er das schaffte? Genau das habe ich ihn nach der Pressekonferenz gefragt. Er grinste sympathisch und erklärte: »Ich versuche, die Namen mit den Gesichtszügen und dem Aussehen der Personen zu verknüpfen. Ich denke an Freunde, die vielleicht einen ähnlichen Namen haben. Falls es ein ungewöhnlicher Name ist, bitte ich darum, zu buchstabieren. Dann kann ich mir Notizen machen. Auf diese Weise kann ich mir bis zu 40 Namen einprägen.«

Unsere Namen stiften Identität, sie gehören zum Persönlichsten, was wir haben. Wir lieben es, persönlich angesprochen zu werden, denn nichts ist uns Menschen wichtiger, als zu wissen, dass wir existieren. Deswegen ist es mir so wichtig geworden, statt mechanistischer und abgedroschener Grußformeln wie »Hallo« oder »Hi« beispielsweise »Guten Morgen, Harald« zu sagen oder zu schreiben.

Vertraulichkeit wahren

Manche versuchen, das Vertrauen eines Menschen zu gewinnen, indem sie persönliche, vertrauliche oder geheime Informationen an ihn weitergeben. Das bewirkt jedoch häufig genau das Gegenteil. Wenn wir tratschen oder etwas weitererzählen, was uns privat oder beruflich anvertraut wurden, fragen sich die Zuhörer bewusst oder unbewusst, wie wir wohl mit Themen und Informationen umgehen werden, die sie uns anvertrauen.

Dazu David Ogilvy, Gründungsvater von Ogilvy & Mather: »Wenn mich ein Kunde fragt, welche Resultate die Kampagne eines anderen Kunden hatte, dann wechsle ich das Thema. Das mag ihn vielleicht zunächst mal verärgern, aber wenn ich ihm die Information geben würde, dann müsste er doch annehmen, dass ich in ähnlicher Weise mit seinen Ergebnissen verfahre. Und wenn ein Kunde einmal das Vertrauen in meine Verschwiegenheit verloren hat, ist es ohnedies um mich geschehen.«

Wann immer wir einen Vertrag, eine Kooperation, eine Beziehung oder eine Freundschaft eingehen, geht es um Vertrauen. Es ist wie ein Versprechen: Ich stehe zu meinem Wort, ich achte deine Integrität, ich will mich deines Vertrauens würdig erweisen. »Versprochen ist versprochen und wird nicht gebrochen«, reimen wir schon im Kindesalter. Und: »Wer einmal lügt, dem glaubt man nicht – auch wenn er die Wahrheit spricht.« Wer sich anders verhält, beschädigt nicht nur die Beziehung zu dem anderen, sondern verspielt auch einen Teil des Vertrauens in sich selbst.

Meinen Erfolg im Leben verdanke ich vor allem meinem Vertrauen in Menschen und meiner Fähigkeit, in anderen Vertrauen zu mir zu wecken.

John Davison Rockefeller,
US-amerikanischer Unternehmer

Auf das Potenzial vertrauen

Vor einer Weile war ich in Schwaben unterwegs. Und weil ich die nütz-
lichen gerne mit angenehmen Dingen verbinde, habe ich mich abends
mit meinem alten Kumpel Olaf getroffen. Er leitet seit vielen Jahren eine
mittelständische Firma. Beim Abendessen erzählte er mir von einem
altgedienten Mitarbeiter, den er leider feuern müsse, weil er nach seiner
Auffassung zu träge geworden sei.

Ich schlug ihm vor, er könne doch versuchen, ein neues Feuer in ihm zu
entfachen. Er lachte zuerst und meinte: »Was? Ich soll ihm Feuer unter
dem Hintern machen?« – »Nein«, antwortete ich grinsend. »Damit rech-
net er vermutlich schon. Vertraue darauf, dass er innerlich nur deswegen
gekündigt hat, weil er schon lange kein Feuer mehr in sich verspürt.
Fordere ihn. Hol ihn aus seinem muffigen Trott raus.«

Ich hatte damit nicht gerechnet, aber Olaf hat es tatsächlich getan: Er hat
dem Mitarbeiter eine Art letzter Bewährungsprobe gegeben und ihm
eine Aufgabe in einem höchst komplexen Projekt anvertraut. Die Latte
lag hoch, und der Mitarbeiter wehrte sich zunächst mit Händen und
Füßen dagegen. Doch mangels
Alternativen ließ er sich schließlich darauf ein. Und siehe da:
Plötzlich war der Mann wieder
wach und beteiligte sich aktiv und
kreativ am Geschehen. Manchmal, so erzählte mir Olaf erst
kürzlich, scheint er sogar wieder
richtig Freude an seiner Arbeit zu
haben.

Teufelskreise

Janine arbeitet in einer Abteilung eines Technologiekonzerns. Neuerdings hat sie den Eindruck, dass ihr Chef Klaus sie irgendwie ignoriert. Nach ein paar Tagen ist sie sich sicher: Er fragt ihre Kolleginnen viel öfter um Rat, und außerdem rauscht er dauernd grußlos an ihr vorbei. Je länger sie darüber nachdenkt, desto überzeugter ist sie: Klaus mag sie nicht mehr. Sie zerbricht sich den Kopf, was sie falsch gemacht haben könnte. Sie fühlt sich abgelehnt. Sie ahnt nicht, dass Klaus daheim Probleme hat und deshalb in Gedanken häufig woanders ist.

Janines Groll wächst täglich. Sie meidet Klaus, wo sie nur kann, obwohl sie sich früher gut mit ihm verstanden hat. An seinen Meetings nimmt sie nur noch teil, wenn er sie ausdrücklich dazu auffordert. Klaus fällt das natürlich auf, weshalb er sie nach einer Weile darauf anspricht. Sie hält ihm »Ignoranz« im Umgang mit seinen Mitarbeitern vor. Er versteht die Welt nicht mehr. Weil er sowieso gerade nervlich angeschlagen ist, schnappt er zu wie eine Auster. Und schon stecken die beiden in einem kommunikativen Teufelskreis, in dem sich beide immer mehr so verhalten, wie es ihnen unterstellt wird. Als Janine Klaus ein paar Tage später vor allen Mitarbeitern kritisiert, schnaubt er nur noch, sie könne ja gehen, wenn es ihr hier nicht mehr passt.

Solche Konfliktspiralen sind wie ein Perpetuum mobile, wie zerstörerische Viren in einem Computerprogramm. Sie blockieren unsere Kommunikation und legen irgendwann das ganze System lahm. Sie zerstören jedes Vertrauen – oft für lange Zeit.

Es macht die besondere Kraft vieler charismatischer Menschen aus, dass sie beinahe jeden Tag einen Neustart mit ihren Mitmenschen hinlegen können, weil sie keine Etiketten zuweisen, die eine Interaktion mit ihren »Widersachern« unmöglich machen. Sie nehmen die Menschen so an, wie sie sind, und gehen davon aus, dass jeder das Beste gibt, was ihm gerade möglich ist. So können sie es offen und ohne den anderen zu verletzen ansprechen, wenn das Verhalten anderer nicht ihren Vorstellungen, Werten oder Gefühlen entspricht – und können es dann auch wieder loslassen.

Eine Fabel

Seit gestern geht im Wald ein Gerücht um. Man erzählt sich, der mächtige Braunbär habe eine Todesliste. Die Nachricht verbreitet sich unter den Waldbewohnern wie ein Lauffeuer. Alles dreht sich nur noch um eine Frage: Wer steht auf der Liste?

Als Erster nimmt der schlaue Fuchs allen Mut zusammen, geht zum Braunbären und fragt ihn: »Hey, Bär, sag mal, stehe ich auch auf deiner Liste?«

»Ja, so ist es«, sagt der Bär. »Dein Name steht auf der Liste.«

Der Fuchs erstarrt in großer Angst und zieht von dannen. Und tatsächlich, nach wenigen Stunden wird er tot aufgefunden. Das Zwitschern der Vögel verstummt, die Stimmung wird zusehends panisch. Und alle fragen sich: Wer steht noch auf der Liste?

Dem stolzen Rehbock geht das Gerede auf die Nerven. Auch er sucht den Bären auf und fragt ihn, ob er auch auf der Liste stehe.

»Ja, so ist es«, antwortet der Bär: »Auch du stehst auf der Liste.«

Wütend verabschiedet sich der Rehbock vom Bären. Und auch ihn findet man kurz darauf tot auf einer Lichtung.

Nun bricht bei den Waldbewohnern die absolute Panik aus. Kein Tier wagt noch irgendeinen Mucks. Nur der clevere Hase traut sich und sucht den Bären auf.

»Hey, Bär, ich muss dich mal was fragen. Stehe ich zufällig auch auf deiner komischen Todesliste?«

»Jaja, auch du stehst auf der Liste.«

»Ah, okay … kannst du mich vielleicht von deiner Liste streichen? Das wäre super.«

»Klar, Mann, entspann dich. Kein Problem!«

Die Moral von der G'schicht? Sprechenden Hasen kann für gewöhnlich geholfen werden.

Druck und Gegendruck

Meine Mutter hat immer gesagt, dass zwei Menschen sich nicht hassen können, wenn einer davon nicht will. Konflikte eskalieren nur, wenn zwei Menschen daran teilnehmen.

Der große Physiker Isaac Newton beschrieb dieses Wechselwirkungsprinzip schon vor fast 400 Jahren mit den Worten »actio est reactio« (lateinisch für »Aktion ist gleich Reaktion«). Dieses Prinzip besagt, dass jeder Körper, der einen anderen drückt, von dem anderen Körper genauso stark zurückgedrückt wird. Wenn du mit der Hand gegen eine Wand drückst, drückt die Wand genauso stark zurück. Wenn ein Pferd einen Wagen zieht, wird das Pferd auch in Richtung Wagen gezogen. Druck erzeugt Gegendruck.

Im zwischenmenschlichen Alltag ist das ganz ähnlich. Bei Konflikten und Vertrauenseinbrüchen gibt es immer zwei Beteiligte. Jeder hat seinen Anteil, keiner ist nur Opfer oder Täter. Wer sein eigenes Verhalten ändert und Druck rausnimmt, ändert damit auch die Gesamtdynamik. Es spielt nur eine geringe Rolle, wer hierbei den Anfang macht. Entscheidend ist die Bereitschaft der Beteiligten, ihre Konflikte anzusprechen, bevor sie eskalieren. Dann können Missverständnisse aufgeklärt und neue Lösungen und Ideen gefunden werden.

Wenn die Betroffenen in der Lage sind, einen Steinkreis um die heiße Glut zu legen, entsteht kein Flächenbrand. Um dieses Feuer kann man sich zusammensetzen und respektvoll austauschen. Dann bleibt das Vertrauen unbeschädigt, ja es wird vielleicht sogar gestärkt.

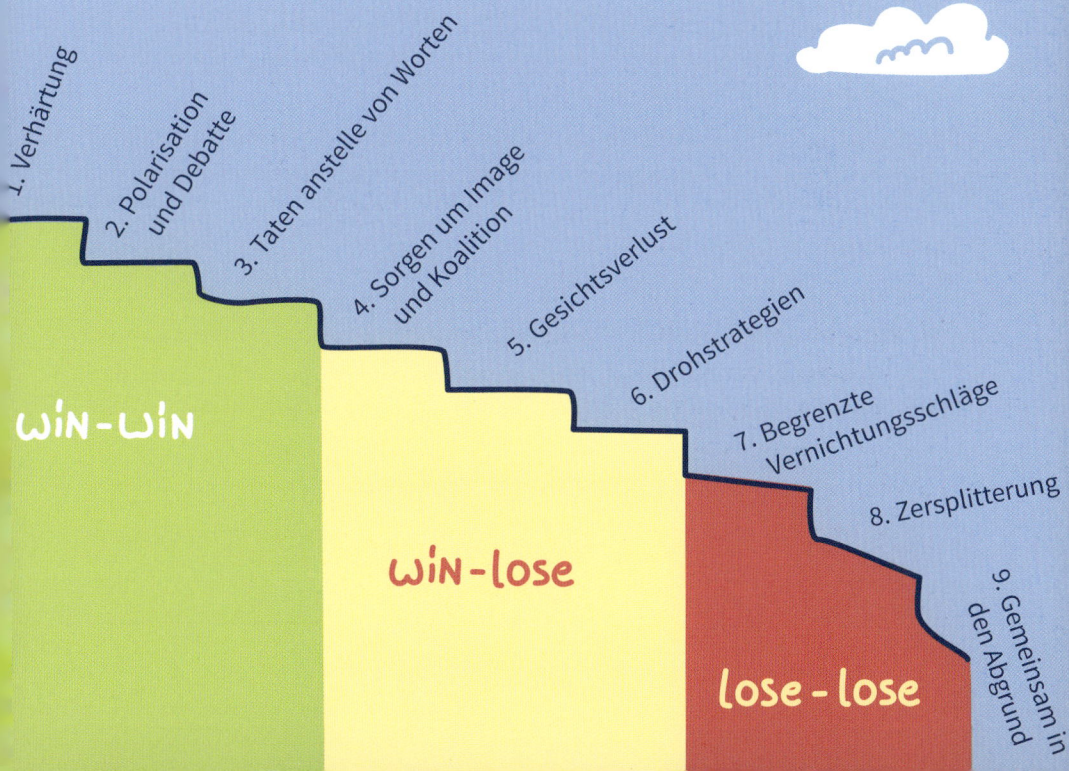

1. Verhärtung

2. Polarisation und Debatte

3. Taten anstelle von Worten

4. Sorgen um Image und Koalition

5. Gesichtsverlust

6. Drohstrategien

7. Begrenzte Vernichtungsschläge

8. Zersplitterung

9. Gemeinsam in den Abgrund

win-win

win-lose

lose-lose

Die Null-Linie verschieben

Du kennst das sicher auch: Mal fühlt sich das Leben wunderbar und verheißungsvoll an – und dann rauscht es wieder nach unten, und wir meinen, es sei alles nur mühsam und eigentlich sinnlos. Das Auf und Ab dieser Sinuskurve gehört zu unserem menschlichen Dasein einfach dazu, kein Mensch kann das vermeiden. Was wir aber ändern können, ist die Position der Null-Linie, also jenes Punktes, um den herum es auf und ab geht. Die Verschiebung dieser Null-Linie nennt man Lernen.

Das Akzeptieren schwieriger Erfahrungen, das Vergeben schmerzhafter Begegnungen und die Bereitschaft zu Neubeginn hat einen wesentlichen Einfluss auf die Lage dieser Null-Linie. Die Erkenntnis, dass ein Ausschlag nach unten zwar unser bisheriges Leben durchrüttelt, aber auch für unser Wachstum sorgt – all das wirkt wie eine Art »Sesam öffne dich« für unser künftiges Leben. Es versetzt uns in die Lage, dunkle Erfahrungen durchzustehen und irgendwann wirklich hinter uns zu lassen. Und es stärkt das Vertrauen in das Leben. Allein deine Einstellung entscheidet, ob du leidest oder wächst.

Ich war auf der Sinuskurve sehr oft unten. Es hat mich verletzt, wenn ein Geschäftspartner meine Leistungen als seine ausgegeben hat oder ich für viele Stunden harter Arbeit nicht bezahlt wurde. Ich konnte nicht gut damit umgehen, wenn die Chefin eines öffentlich-rechtlichen Radiosenders mir unterstellte, eine Moderation habe eine antisemitische Grundhaltung transportiert, oder jemand behauptete, ich würde im Coaching Frauen nachstellen.

Ungerechtigkeiten tun weh, keine Frage. Die Fähigkeit, die Vergangenheit loszulassen und den Menschen in seinem Umfeld zu verzeihen, ist allerdings eine wesentliche Voraussetzung für innere Zufriedenheit und Lebensglück.

Vergeben bedeutet dabei nicht, dass ich das Verhalten des anderen in Ordnung finde. Es bedeutet vielmehr, dass ich meinen Ärger und meine Enttäuschung akzeptiere und lerne, irgendwann wieder ins Vertrauen zu gehen. Vielleicht hat der Mensch, der mich verletzt hat, dies ja unbewusst getan oder hat nicht bedacht, was sein Verhalten auslösen könnte. Ich weiß, dass ich auch schon unbeabsichtigt andere Menschen bedrängt, verletzt oder geärgert habe. Jeder von uns macht es immer nur so gut, wie er es zu einem bestimmten Zeitpunkt eben kann. Ein Jahr später ist er weiter und weiser, fünf Jahre später vielleicht noch mehr.

Gibt es alte Verletzungen, die du noch nicht losgelassen hast? Gibt es vielleicht sogar etwas, was du dir selbst nicht verzeihen kannst? Bist du bereit, mit dir selbst oder mit einem Menschen, der dich verletzt hat, einen Schritt in Richtung Frieden zu gehen? Heute, hier und jetzt?

Verzeihen birgt die große Chance, die eigenen Verletzungen zu heilen und wieder mehr ins Vertrauen zu gehen.

Magie der Vergebung

Gastkapitel von Thomas Friebe, www.thomas-friebe.de

Mit zwölf Jahren ging ich auf das Gymnasium der Kreisstadt Gummersbach. Es ging mir gut dort – ich war Klassensprecher, ich hatte Freunde, ich war sogar verliebt – in Barbara, die auch in mich verliebt war! Der einzige Haken an der Sache waren die Lehrer. Vermutlich lag es an den Erfahrungen, die sie mit meinen beiden älteren Brüdern gemacht hatten, jedenfalls kamen wir nicht gut miteinander aus, um es mal milde auszudrücken.

So kam es, dass mein Lebensglück durch einen blauen Brief erschüttert wurde. Dummerweise hatte ich meine Eltern nicht darauf vorbereitet. Mein Vater öffnete die farbige Postsendung – zum Glück in meiner Abwesenheit – und las staunend, dass meine Leistungen in Latein »ungenügend«, in Englisch »mangelhaft« und in Mathe ebenfalls »ungenügend« seien und sich die Versetzung somit in akuter Gefahr befände. Kaum hatte er sich vom Schock erholt, verkündete das Familienoberhaupt, diesmal in meiner Anwesenheit: »Dann kommt der Junge eben zu mir auf die Schule!«

Der »Junge« verfiel in Schockstarre. Für Wochen. »Zu mir auf die Schule« bedeutete nicht nur, dass ich die Schule wechseln musste – mein Vater war Lehrer an der HAUPTSCHULE, einem grässlichen Betonklotz in Reichshof-Eckenhagen. Alles Bitten und Betteln half nichts, er ließ sich nicht erweichen – vielleicht hatte ihn diese Härte für den Job qualifiziert. Die Sache war beschlossen, und meine glückliche Zeit auf dem Gymnasium fand ein jähes Ende. Dass ich später, nach der 10. Klasse, wieder den Weg in die gymnasiale Oberstufe finden und mein Abitur als jüngster Schüler der Jahrgangsstufe machen würde, wusste ich zu diesem Zeitpunkt natürlich noch nicht. Deshalb tröstete es mich wenig, dass mein Vater versprach, mir eine leistungsstarke Klasse auszusuchen. Sehr freundlich.

Der Wechsel vom Gymnasium zur Hauptschule war der größte Absturz meines Lebens. Ich kam in einen eingeschworenen Klassenverband, ein fast hermetisches System. »Gymnasium? Das Lehrersöhnchen meint wohl, es ist was Besseres? Wir werden viel Spaß mit dir haben!« Eine harte Zeit begann. Zwar hatte ich von Anfang an die Sympathie zweier Mädels, aber genau das gefiel besonders einem Jungen überhaupt nicht. Heute würde man sagen, Stefan hat mich gemobbt. Er nahm mich bei jeder Gelegenheit in den Schwitzkasten, er schlug mich, zwickte mich, erzählte Geschichten über mich, die allesamt nicht stimmten, und machte Witze auf meine Kosten.

Es wurde so schlimm, dass ich nicht mehr in die Schule wollte. Ich hatte richtig Angst. Alles in mir sträubte sich dagegen, auch nur das Gebäude zu betreten. Ich konnte nicht mehr. Eines Abends, als sich mein Vater an mein Bett setzte und fragte, wie denn so mein Tag gewesen wäre, brach alles aus mir heraus. Ich erzählte von Stefan, dass er mich schlagen und schikanieren würde und dass ich lieber sterben wolle, als noch einmal in diese Schule zu gehen.

Mein Vater hörte mir aufmerksam zu und sagte dann einen Satz, für den ich ihn hätte killen können. Er sagte: »Du solltest ihm vergeben.« – »Was? Vergeben?! Der müsste über den Schulhof kriechen, vor allen Leuten, und mich um Verzeihung bitten. Ich? Ich soll ihm vergeben? Der macht den Mist doch, nicht ich.« Doch ganz tief in mir drin wusste ich: Er hat recht.

Mein Vater erklärte, er ginge jetzt nach oben in sein Arbeitszimmer. Ich könne nachkommen, wenn ich bereit sei. Dann könnten wir das gemeinsam tun: Vergeben. Ich weiß noch genau, wie ich mich wütend in die Kissen zurückgeschmissen habe. Vielleicht habe ich sogar in sie reingebissen. Schließlich aber habe ich mich aus dem Bett gekämpft und bin die Stufen hochgeschlichen. Ich habe diese Treppe erklommen, wie ein Bergsteiger den Mount Everest bezwingt. Jeder Schritt kostete mich Überwindung. Mein Vater saß in nachdenklicher Stimmung auf seinem

Holzhocker. Ich setzte mich neben ihn, gewollt lässig, eher ablehnend. Mein Vater schaute mich an und nickte wissend. Dann sprach er in ganz simplen Sätzen: »Guter Gott, du siehst den Thomas hier. Du siehst den Stefan. Du siehst die Situation. Wir geben das in Deine Hände, mach das Beste daraus, und hilf Thomas, dass er verzeihen kann.« Dann bat er mich, es ihm nachzutun, mit meinen eigenen Worten. Es war ein sehr emotionaler Moment. Ich stammelte so etwas wie: »Ja … hier sitz ich nun, Gott. Ich selbst kann es nicht, hilf Du mir, Stefan zu verzeihen.« Geschafft. Ab ins Bett.

Am nächsten Morgen schleppte ich mich mit Magenschmerzen und vor Angst schwitzend zur Schule. Als ich das Klassenzimmer betrat, rechnete ich wie üblich mit einer Attacke, wenn nicht physisch, dann verbal. Stefan saß bereits auf seinem Platz. Er sah kurz zu mir herüber, verhielt sich aber

ruhig. Ich setzte mich, der Unterricht begann. Glück gehabt. Auch in der ersten großen Pause rechnete ich jeden Moment mit einem Angriff, doch nichts passierte. Kein Schwitzkasten, kein böser Spruch, keine Schläge. »Der hat was ganz Großes vor«, dachte ich und wartete auf die zweite Pause. Wieder nichts. Auf dem Weg nach Hause, nichts. Am nächsten Tag, nichts. Keine Pöbeleien, kein Stress, kein Schwitzkasten. Am dritten und vierten Tag das gleiche Spiel. Nichts.

Diese Erfahrung war ein tiefgreifendes Erlebnis, das mich bis heute geprägt hat. Ich habe nie erfahren, wie es möglich war, dass sich der ganze Kampf und Streit, der Hass und die Wut von einem auf den anderen Tag in Luft auflösten. Nach drei Wochen habe ich mich mit Stefan sogar angefreundet. Ich habe mit ihm zusammen den Stall seines Pferdes ausgemistet und roch danach genauso wie er sonst immer.

Ich habe in den 35 Jahren seit jener Erfahrung noch so oft vergeben und habe dabei oft tiefe Befreiung erfahren. Danke, Papa, für diese wunderbare Lektion.

Aus meiner Erfahrung kann ich jedem nur wärmstens empfehlen: Wenn es irgendeinen Menschen in deinem Leben gibt, den du hasst oder dem du nicht vergeben willst – versuche es dennoch! Auch wenn es kontraintuitiv ist. Auch wenn es dir gegen den Strich geht. Ich kenne das Gefühl, sich im Recht zu wissen, überzeugt zu sein, dass der andere die Schuld an der Situation trägt, dass er sich bei mir zu entschuldigen hat, dass er zumindest den ersten Schritt in meine Richtung tun muss. Aber es ist genau andersherum. Indem du den ersten Schritt tust, befreist du dich von diesen quälenden Gefühlen. Man könnte fast sagen, Vergebung ist egoistisch, denn anschließend geht es dir gut, zumindest viel besser als vorher. Und wann ist der richtige Zeitpunkt für solch einen Akt der Vergebung?

Immer jetzt.

JA zum Leben sagen

Szenen aus einer Dokumentation der US-Armee über die Öffnung der Konzentrationslager, die ich vor einigen Jahren sehen konnte, haben sich tief in mein Gedächtnis gegraben. Eines der zahllosen Opfer, die diese Hölle aus Unmenschlichkeit und Verzweiflung überlebt haben, ist die Jüdin Eva Mozes Kor. Sie war gerade mal zehn Jahre alt, als sie mit ihrer Familie nach Auschwitz verschleppt wurde.

Während die Eltern und zwei ältere Geschwister in den Gaskammern umkamen, gerieten Eva und ihre Zwillingsschwester Miriam in die Hände des KZ-Arztes Mengele, der grausame »Experimente« an den Mädchen durchführte. Für Eva und ihre Schwester begann ein täglicher Überlebenskampf. Später schrieb sie ein tief berührendes Buch darüber *(Ich habe den Todesengel überlebt)*. Es ist die Geschichte einer Frau mit einem unbezwingbaren Überlebenswillen, die den Mut und die Kraft gefunden hat, die schlimmsten Taten zu vergeben und dem Leben und den Menschen neu zu vertrauen.

Eva Mozes Kor kam zu der Überzeugung, dass wir als Menschen immer zwei Möglichkeiten haben: Wir können uns nach solchen Grausamkeiten für das Hassen entscheiden, weil es vielleicht die adäquateste Reaktion auf das Geschehene wäre, oder für den Frieden mit uns selbst. Wir können lernen zu verstehen, dass das Verarbeiten und Loslassen dieser schlimmen Ereignisse unsere einzige Chance ist, uns wieder die Liebe zu schenken, die andere uns entzogen haben. Dann haben wir die Möglichkeit, trotz dieser Erlebnisse wieder JA zum Leben zu sagen und neues Vertrauen zu schöpfen. Das ist schwer, schreibt Eva Mozes Kor, doch es ist die einzige Chance auf ein würdevolles Leben. Wir tun das niemals für die Täter, sondern immer nur für uns selbst.

Wir haben alle was zu sagen

Jeder Tag ist wie der andere
wenn wir das Gleiche tun
Ist so bequem, sich auf geschönter Statistik auszuruhen
und dabei wundern wir uns
gerne taub und stumm und blind
dass wir immer grad da ankommen
wo wir losgegangen sind

Wir verkabeln uns
wir vergraben uns
wir amüsieren uns
und verlieren uns
in der anderen Welt
wo der Zweifel nicht zählt
Offenbarungen sind leise
bleiben gerne unter sich
doch ihr Flüstern hört man nicht

Wir haben alle was zu sagen
wir haben alle was erlebt
wir haben alle einen Namen, der für 'ne eigne Wahrheit steht
Wir haben alle was zu sagen
denn wir sind Menschen so wie du
wir haben jede Menge Fragen
Also hör uns einfach zu

Wir könnten so viel bewegen
mit dem, was uns bewegt
wir könnten einfach drüber reden
weil's um die Wahrheit geht

Wir hätten jede Menge Fragen
wenn's ab und zu 'ne Antwort gäb
Um weiter drauf zu warten
ist es lange schon zu spät
Sind wir unsichtbar?
Sind wir unscheinbar?
Dafür sind wir nicht da
Was haben wir noch zu verlieren?
Was muss noch passieren, um endlich wieder laut zu sein?

Wir haben alle was zu sagen
wir haben alle was erlebt
wir haben alle einen Namen, der für 'ne eigne Wahrheit steht
Wir haben alle was zu sagen, denn wir sind Menschen so wie du
wir haben jede Menge Fragen. Also hör uns einfach zu!

Wir haben alle 'ne Geschichte
wir haben alle ein Gesicht
Wir haben alle unsre Träume, aber keine Schweigepflicht
Wir haben alle was zu sagen, denn wir sind Menschen so wie du
wir haben jede Menge Fragen. Also hör uns einfach zu!

Wir haben alle was zu sagen
wir haben alle was erlebt
wir haben alle einen Namen, der für 'ne eigne Wahrheit steht
Wir haben alle was zu sagen, denn wir sind Menschen so wie du
wir haben jede Menge Fragen. Also hör uns einfach zu!

Songtext »Wir haben alle 'ne Geschichte – wir haben alle ein Gesicht!«
(2008, Text & Musik: Patrick Lynen, Ben Schulz & Purple Schulz)

Crowd-Learning

In der »Runden Ecke« (www.ecke.tv) laden wir wildfremde Menschen dazu ein, von Erfahrungen zu berichten, die in ihrem Leben eine wichtige Rolle gespielt haben. Es kann ungeheuer befreiend sein, wenn man sich austauscht und anderen seine Lebensgeschichte erzählt, ohne Angst haben zu müssen, dass sich die anderen abwenden oder komisch über einen denken.

Über das Reden und Zuhören entsteht zwischen den Teilnehmern ein Vertrauen, in dem auch unfertige Gedanken und Fragen ihren Raum haben. Und manchmal kommt es zu jenen magischen Momenten, in denen alle so berührt sind, dass man bei etwas über hundert Menschen im Raum die oft zitierte Stecknadel fallen hören könnte.

Indem wir uns öffnen, uns ehrlich zeigen und einander von unseren Erfahrungen berichten, geben wir anderen Menschen damit unbewusst die Erlaubnis, dasselbe zu tun. Wenn wir einander unsere tiefsten inneren

Gefühle zeigen, all die Blessuren und Triumphe, die Ängste und Freuden, entsteht eine kraftvolle Gemeinschaft, die Akzeptanz und Lernen ermöglicht. Wir erleben, dass es Menschen mit ähnlichen Erfahrungen gibt. Das hilft uns, schwierige Erlebnisse unserer Vergangenheit sinnstiftend zu verarbeiten. Wir erkennen, dass wie alle ganz unterschiedlich und doch wieder so gleich sind, und können dadurch wachsen, heilen und der Liebe wieder vertrauen.

Die Erzählungen sind dabei so vielfältig wie das Leben selbst: Liebe und Abenteuer, Beruf und Freundschaft, Heiteres und Bewegendes. Jeder Erzähler hat zwischen 7 und 15 Minuten Zeit, um von seinen Erfahrungen zu berichten. Und die Menschen im Publikum, von denen manche kurz vorher selbst auf der Bühne standen, hören einfach nur zu. Es wird nicht nachgefragt, es gibt keine Einwürfe oder Kommentare, es gibt keine Diskussion, keine Bewertungen und keine Störungen, außer vielleicht Tränen und Lachen.

Wir sollten dahin zurückkehren, uns unsere Geschichten zu erzählen, denn sie geben uns Identität. Wir wissen dann wieder, wer wir sind, woher wir kommen und welche Werte und Ideale uns wichtig sind. Dann können wir auch Fremden unvoreingenommener begegnen und ihnen sagen: Komm, nimm an unserem Leben teil. Das sind unsere Werte, das sind unsere Regeln. Nimm an unseren Erfahrungen und Geschichten teil, an unseren Wünschen und Träumen. Gemeinsam können wir der Zukunft furchtloser entgegengehen.

Falls du neugierig geworden bist: Hier findest du über 200 bewegende Geschichten aus der »Runden Ecke«, aufgezeichnet bei unseren Erzählabenden in Köln, München, Berlin …

https://www.youtube.com/user/DieRundeEckeStories

Begegnung am Abend

Weil ich geschäftlich in Hannover zu tun habe und der Hund dabei ist, schlendern Ella und ich auf unserer Abendrunde am Maschsee entlang. In der Dämmerung sehe ich einen Obdachlosen in eine Decke ein-gemummelt auf einer Parkbank sitzen. Neben ihm steht sein Einkaufs-wagen voller Kram. Mein erster Gedanke ist: »Oh, da machen wir jetzt doch mal einen kleinen Bogen drum.« Aber Ella will den Mann auf der Bank unbedingt kennenlernen. Sie schnuppert und wedelt, zieht mich mit der Leine in seine Richtung.

Der Obdachlose (sein Name ist übrigens Rolf) hat ein herrlich zahnloses Lächeln, und seine sanften, freundlichen Augen strahlen uns neugierig an. Ehe ich michs versehe, sind wir in ein intensives Gespräch über Hunde und das Leben verstrickt. Eine Frage führt zur nächsten. Ich erzähle ihm von meiner ersten Begegnung mit Ella, er erzählt mir von seinem Leben. Rolf hat vor vielen Jahren seinen Job verloren und wurde dann von seiner Frau verlassen, die längst einen neuen Partner hat. Er hat sich für das Leben auf der Straße entschieden.

Nach einer Weile frage ich ihn, ob er Geld zum Leben brauchen kann. Er bejaht das – ich drücke ich ihm fünf Euro in die Hand. Ich denke, es ist zwar nicht viel, doch vielleicht hilft es ihm. Rolf freut sich sehr. Viel dankbarer sei er jedoch für das Gespräch, erklärt er, für die gemeinsame Zeit, und dafür, dass er Ella streicheln durfte.

Ich laufe weiter am See entlang und denke darüber nach, was ich alles von meinem Hund lernen kann. Ella nimmt die Menschen einfach offen so an, wie sie sind. Es ist ihr völlig egal, wie jemand aussieht, woher er kommt, ob jemand reich oder arm ist, groß oder klein, alt oder jung. Sie ist einfach zu allen nett, freundlich und offen. Ich erkenne: Wer Vertrauen will, muss freundlich sein … ☺

Die Freundlichkeitsformel

Ich bin manchmal unglaublich schusselig, zum Leidwesen meiner Familie. Das führt hin und wieder zu ziemlich absurden Momenten. Wir haben schon mal morgens am Flughafen gestanden, obwohl der Flieger erst am Nachmittag ging. Wir sind bei einer Reise nach Hawaii auch schon mal auf der falschen Insel gelandet. Meine letzte Glanzleistung dieser Art war, nach Brandenburg zu einer edlen Hochzeit zu fahren und nichts als Turnschuhe im Gepäck zu haben. Meine Frau fragt sich in solchen Momenten manchmal, ob sie den Richtigen geheiratet hat, und meine Kinder nehmen es gerne zum Anlass, sich auf YouTube Videos von noch schlimmeren Versagern anzusehen. Jedenfalls fuhren wir nach Neuruppin in ein Schuhgeschäft. Der Verkäufer wirkte zunächst eher unfreundlich und zugeknöpft, doch ich ließ mich davon nicht einschüchtern und verwickelte ihn in ein kurzes Gespräch über seine Brille, die mir gut gefiel. Und siehe da: Wir fanden zusammen. Am Ende ging ich sogar mit zwei Schuhpaaren aus dem Sonderangebot zur Kasse, die er mir dann nochmals reduzierte. Plötzlich waren Geben und Nehmen im Fluss. Als ich den Laden verließ, ging ich mit offeneren Augen und reicherem Herzen durch den Tag.

Freundlichkeit ist eine universelle Sprache. Eine, die selbst »Taube hören und Blinde lesen können«, wie Mark Twain einmal sagte. Selbst bei den verknöchertsten Menschen können wir diese Erfahrung machen. Bringen wir einer offensichtlich wütenden oder frustrierten Person Akzeptanz und Wertschätzung entgegen, öffnet sich automatisch ihre Seele, und wir haben eine gute Chance auf eine bereichernde Begegnung.

Lachen in der U-Bahn

In der Rangliste bei YouTube stehen regelmäßig die Videos ganz oben, in denen es ums Lächeln geht. Zum Beispiel »Lachen in der U-Bahn«. Tu dir selber einen Gefallen und schau es dir an. Es wird deine Mundwinkel nach oben ziehen. http://bit.ly/2wJwkjL

Beim Lächeln und Lachen drückt dein Gesichtsmuskel zwischen Wange und Auge übrigens auf einen Nerv, der im Gehirn eine fröhliche Stimmung auslöst. Und schon verläuft dein gesamter Tag anders. Lächeln ist ansteckend und vertrauensbildend. Ein ehrliches Lächeln und eine freundliche Begrüßung vermitteln unserem Gegenüber die Botschaft: »Ich sehe dich. Ich nehme mir Zeit für dich, und ich bin dir wohlgesonnen.«

»I like you crazy Germans«

Die US-Amerikaner sind Weltmeister darin, freundlich Kontakt zu knüpfen – die meisten jedenfalls. »I like you crazy Germans!«, bekam ich kürzlich einfach so in einem Fast-Food-Restaurant an der Kasse zu hören. Ich mag diese unverkrampfte Art, auch mal ein Kompliment zu machen. Komplimente stehen für einen unterstützenden Lebensstil. Sie sind Sonnenschein mit Worten. Außerdem besteht eine Wechselwirkung zwischen echten Komplimenten und Selbstwertschätzung: Wenn wir anderen Menschen Komplimente machen, mögen wir uns selbst mehr. Wenn wir Freude an uns selbst haben, machen wir öfter und leichter Komplimente. Auch hier wirkt das Gesetz der Resonanz.

Deshalb fange ich jeden Tag mit einem kleinen Eigenlob an. Für mich, den Helden des Alltags, der auch heute wieder die ein oder andere Stromschnelle umschiffen muss. Diese Perspektive erweitere ich im Laufe des Tages auf mein Umfeld. Ich mache dann meiner Frau ein Kompliment, den Kindern, einem Kollegen oder einem fremden Menschen auf der Straße.

Zu Beginn meiner Komplimente-Offensive fühlte sich das noch komisch an. Es kam mir beinahe aufdringlich vor, meine Beobachtungen zu verschenken. Doch nach einer Weile erkannte ich die besondere Kraft, die darin liegt, denn Komplimente bringen mich dazu, vor allem das Positive in den Menschen zu sehen. Sie geben dem Alltag einen bunten Anstrich und bereiten mir und anderen Freude. Und sieh an: Oft kommt dann etwas Nettes zurück.

Manche Menschen reagieren erst mal verwirrt auf meine Komplimente. Vielleicht denken sie, dass ich ihnen einen Staubsauger verkaufen will oder so was. Ein Taxifahrer in Berlin fand es zum Beispiel sehr ungewöhnlich, für seine Ortkenntnis gelobt zu werden: »Is ja nu ma meen

Job!« Beim Aussteigen meinte er allerdings: »Du warst ja ma 'n richtich netter Fahrjast.«

Bei einer stark gehbehinderten Frau war ich mir unsicher, ob sie meine Worte vielleicht in den falschen Hals bekommen würde, aber ich ging das Risiko ein. Ich sagte: »Ich empfinde höchste Achtung für Ihre Kraft und die Entschlossenheit, mit der Sie anderen vormachen: Ja, es geht trotzdem!« Zunächst schaute sie mich eher verwirrt an, dann lächelte sie jedoch und beschenkte mich mit einer herzlichen Umarmung. Wow, das rockt.

Von einem guten Kompliment kann ich zwei Monate leben.

Mark Twain (1835–1910),
US-amerikanischer Erzähler und Satiriker

Wir brauchen Feedback

Komplimente sind eine Art von Feedback. Sie betonen das Schöne, Angenehme, Verbindende, Bereichernde. Doch manchmal will auch das benannt werden, was nicht so angenehm ist. Der Trick ist, zu erkennen, dass das mindestens ebenso bereichernd sein kann.

Wir brauchen Feedback, um zu lernen. Denn alles, was wir wissen, wissen wir von anderen. Von unseren Eltern, unseren Lehrern, unseren Freunden, aus Büchern. Schon als Baby versuchen wir, uns durch Laute verständlich zu machen, und lernen durch Feedback, wann das gelingt und wann nicht. Lernen und Wachstum resultieren aus wechselseitiger Beobachtung und Feedback.

Andere Menschen sehen die Dinge und uns selbst naturgemäß aus einer anderen Perspektive als wir selbst. Jeder von uns besitzt blinde Flecken, Dinge, die er an sich selbst, an anderen und in der Welt einfach nicht wahrnimmt, weil sie nicht zu seinem Selbst- und Weltbild passen. Feedback von anderen ist daher eine unschätzbare Quelle für persönliches Wachstum und Entwicklung.

Bei einem Workshop mit der Regierungsmannschaft einer großen deutschen Volkspartei bekam zum Beispiel ein Mitglied der Regierungsmannschaft vom Rest der Gruppe ein Feedback, welches für ihn erst mal nicht leicht zu hören war. Heiner, so nenne ich den Herrn aus Gründen der Diskretion hier einfach mal, erfuhr von der Gruppe, dass sich die Leute schon über seine Sturheit lustig machten, weil er unfähig schien, bei politischen Verhandlungen Kompromisse einzugehen. In der Politik, wo der gepflegte Kompromiss zum Urschleim des Handelns gehört, macht so eine Haltung die Dinge natürlich nicht ganz einfach. Heiner glaubte oft, nur er hätte die richtigen Lösungen für die Probleme dieser Welt. Mit dieser starren Denkhaltung wirkte er bei politischen Gesprächen manchmal wie ein kleiner trotziger Junge. Heiner schluckte etwas, doch er erkannte, dass ihm dieses Feedback die Möglichkeit gab, sein Verhaltensmuster zu ändern und damit letztlich wirksamer für seine Interessen einzutreten.

Jeder von uns braucht ab und zu ehrliche, wohlwollende Rückmeldungen, um über die eigenen beschränkten Sichtweisen und Verhaltensmuster hinauszuwachsen. Lade deine Mitmenschen dazu ein, und du wirst eine Menge Aha-Momente erleben, kleine persönliche Offenbarungen, die dir einen neuen Blick auf die Zusammenhänge vermitteln. Wie sagte schon Antoine de Saint-Exupéry so schön: »Schicke mir im rechten Augenblick jemanden, der den Mut hat, mir in Liebe die Wahrheit zu sagen.«

Zeit zum Lieben und Leben

»Das Paradox unserer Zeit ist: Wir reden viel und lauschen kaum, verbrauchen mehr und haben weniger, machen mehr Einkäufe, aber haben weniger Freude. Wir haben größere Häuser, aber kleinere Familien, mehr Bequemlichkeit, aber weniger Zeit, mehr Ausbildung, aber weniger Vernunft, mehr Kenntnisse, aber weniger Hausverstand, mehr Experten, aber auch mehr Probleme, mehr Medizin, aber weniger Gesundheit. Wir rauchen zu stark, wir trinken zu viel, wir geben verantwortungslos viel aus; wir lachen zu wenig, fahren zu schnell, regen uns zu schnell auf, gehen zu spät schlafen, stehen zu müde auf; wir lesen zu wenig, sehen zu viel fern, beten zu selten.

Wir haben unseren Besitz vervielfacht, aber unsere Werte reduziert. Wir sprechen zu viel, wir lieben zu selten, und wir hassen zu oft.

Wir wissen, wie man seinen Lebensunterhalt verdient, aber nicht mehr, wie man lebt.

Wir haben dem Leben Jahre hinzugefügt, aber nicht den Jahren Leben. Wir kommen zum Mond, aber nicht mehr an die Tür des Nachbarn. Wir haben den Weltraum erobert, aber nicht den Raum in uns. Wir machen größere Dinge, aber nicht bessere.

Wir haben die Luft gereinigt, aber die Seelen verschmutzt. Wir können Atome spalten, aber nicht unsere Vorurteile.

Wir schreiben mehr, aber wissen weniger, wir planen mehr, aber erreichen weniger. Wir haben gelernt, schnell zu sein, aber wir können nicht warten. Wir machen neue Computer, die mehr Informationen speichern und eine Unmenge Kopien produzieren, aber wir verkehren weniger miteinander.

Es ist die Zeit des schnellen Essens und der schlechten Verdauung, der großen Männer und der kleinkarierten Seelen, der leichten Profite und der schwierigen Beziehungen. Es ist die Zeit des größeren Familieneinkommens und der Scheidungen, der schöneren Häuser und des zerstörten Zuhauses. Es ist die Zeit der schnellen Reisen, der Wegwerfwindeln und der Wegwerfmoral, der Beziehungen für eine Nacht und des Übergewichts. Es ist die Zeit der Pillen, die alles können: Sie erregen uns, sie beruhigen uns, sie töten uns. Es ist die Zeit, in der es wichtiger ist, etwas im Schaufenster zu haben statt im Laden, in der moderne Technik einen Text wie diesen in Windeseile in die ganze Welt tragen kann und wo wir dann die Wahl haben: das eigene Leben zu ändern – oder den Text zu löschen.

Vergesst nicht, mehr Zeit denen zu schenken, die ihr liebt, weil sie nicht immer mit euch sein werden. Sagt ein gutes Wort denen, die euch jetzt voll Begeisterung von unten her anschauen, weil diese kleinen Geschöpfe bald erwachsen werden und nicht mehr bei euch sein werden. Schenkt dem Menschen neben euch eine heiße Umarmung, denn sie ist der einzige Schatz, der von eurem Herzen kommt und euch nichts kostet. Sagt dem geliebten Menschen: »Ich liebe dich«, und meint es auch so. Ein Kuss und eine Umarmung, die von Herzen kommen, können alles Böse wiedergutmachen. Geht Hand in Hand, und schätzt die Augenblicke, wo ihr zusammen seid, denn eines Tages wird dieser Mensch nicht mehr neben euch sein.

Findet Zeit, euch zu lieben, findet Zeit, miteinander zu sprechen, findet Zeit, alles, was ihr zu sagen habt, miteinander zu teilen, denn das Leben wird nicht gemessen an der Anzahl der Atemzüge, sondern an der Anzahl der Augenblicke, die uns den Atem rauben.«

Diesen Text verfasste der US-amerikanische Schauspieler und Autor George Denis Patrick Carlin kurz nach dem Tod seiner Frau.

*Darin besteht die Liebe: dass sich
zwei Einsame beschützen und
berühren und miteinander reden.*

Rainer Maria Rilke

Berühren und berührt werden

Sinn und Sinnlichkeit sind wie siamesische Zwillinge. Ein freundlicher Gruß, ein intensiver Blickkontakt, ein Händeschütteln oder eine zärtliche Berührung – im wohlwollenden, liebevollen Kontakt blühen wir auf, denn so spüren wir uns.

Je seltener ein Mensch berührt wird oder berührt, desto fremder wird er sich selbst und anderen. Ohne intensive Begegnungen und körperlichen Kontakt gestaltet sich unser Leben zunehmend farblos. Ohne Nähe vertrocknen wir innerlich.

Wir westlichen Menschen gehen mit Nähe jedoch eher sparsam um. Oft fällt es uns schwer, uns anderen zu nähern, weil wir nicht wissen, ob der Impuls von der anderen Seite erwidert wird. Da kann es von Zeit zu Zeit hilfreich sein, sich daran zu erinnern, dass Nähe und Freundschaft eine therapeutische Wirkung haben. Umarmungen reparieren uns, machen uns wieder gesund. Durch liebevolle Berührungen werden jede Menge Glücks- und Liebeshormone ausgeschüttet, zum Beispiel das Vertrauenshormon Oxytocin, der Stimmungsaufheller Serotonin und für das Gemeinschaftsgefühl noch ein paar Endorphine. Unser Blutdruck sinkt,

Ängste und Schmerzen lassen nach, unsere Immunabwehr wird gestärkt, es steigert zudem unser Selbstwertgefühl, und wir fühlen uns geborgen – zumindest für eine Weile. Eine Umarmung von mehr als 15 Sekunden wirkt nicht nur vertrauensbildend, sondern auch entspannend, sagen die Forscher. PsychologInnen an der Carnegie Mellon University in Pittsburgh fanden sogar heraus, dass Menschen, die oft in den Arm genommen werden, seltener einen Schnupfen bekamen als andere.

Glückliche Paare zeichnen sich oft dadurch aus, dass sie sich auch nach vielen Jahren immer wieder lange umarmen. Diese intensive Nähe hilft, das Gefühl der Verliebtheit immer wieder zu erneuern und den mitunter schwierigen Alltag gemeinsam zu bewältigen. Übrigens kann auch das liebevolle Streicheln der eigenen Haut diesen Effekt auslösen. Du könntest es jetzt gleich mal ausprobieren!

Bei dir tanzt mein Herz

»Niemand sah den ganzen Schmerz in mir. Wer hätte ihn denn auch stillen können? Doch jetzt kommst du und öffnest mir das Herz und die Augen, damit ich fühlen und sehen kann, wie viel mehr Schmerz da sogar noch in mir verborgen ist. Und dann lasse ich los, und ich gebe mich dem Schmerz hin – aber ich falle nicht, denn du öffnest auch noch deine Arme!«

Janice Jakait: Liebe oder der Mut, mich hinzugeben, statt mich herzugeben, 2017, S. 10. © 2017 Scorpio Verlag GmbH & Co. KG, München

Wirklich beste Freunde

Es war vor mehr als 25 Jahren, als der Japaner Hiroyuki Arakawa wie gewohnt zu seinem täglichen Tauchgang an der Küste aufbrach. Er war schon damals für die Instandhaltung eines Unterwasser-Schreins vor der Hafenstadt Tateyama zuständig. Auch diesmal sah er beim Tauchen einen Schafskopf-Lippfisch, der in der Nähe des Schreins lebte und mit seiner großen Stirnbeule, den wulstigen Lippen und einem mächtigen Kinn ein bisschen aussieht wie Shrek, die Filmfigur. Hiroyuki sah ihn fast jedes Mal, wenn er tauchte.

An diesem Tag wirkte der Fisch sehr erschöpft. Er war verletzt und konnte sich nicht mehr allein versorgen. Hiroyuki überlegte nicht lange, tauchte wieder auf und besorgte im Hafen ein paar frische Krabben. Die gab er ihm zu fressen. Das wiederholte er einige Wochen lang, bis der Fisch wieder gesund war.

Seit diesem Ereignis sind mehr als 25 Jahre vergangen, und der Fisch und der Taucher sehen sich immer noch – fast täglich. In seinen berührenden Videos, die der rüstige Rentner auf YouTube postet, ist zu sehen, wie der Fisch ihn bei jedem Tauchgang vertraut umkreist und aus nächster Nähe beobachtet. Er schaut dem Taucher zu, wenn dieser seine Brille und das Atemgerät abnimmt, und schwimmt dann ganz eng an ihn heran, streckt ihm vorsichtig seinen Kopf entgegen und wartet auf einen besonderen Freundschaftsbeweis: einen Kuss auf die Stirn.

»Es gibt ein großes Vertrauen zwischen uns«, sagt der heute 79-Jährige über die ungewöhnliche Verbindung. »Ich glaube, er weiß, dass ich ihn gerettet habe und ihm geholfen habe, als er so schwer verletzt war. Es fühlt sich gut an.«

Hier findest du das Video zur Geschichte: http://bit.ly/2sjBiBB

Sich was trauen

Sommer 1997. An einem lauen Abend sitze ich in Baden-Baden in einem Straßencafé. Mir gegenüber, drei Tische weiter, SIE. Um die dreißig, ätherische Ausstrahlung, rote Haare, sanfte Art. Wow, genau mein Typ. Soeben hat sie meinen Blick mit einem verschmitzten Lächeln erwidert und sich dabei sanft durch die Haare gestrichen. Mein Herz schlägt schneller, meine Sinne sind geschärft. Soll ich sie ansprechen?

Ich denke, sie könnte Anna heißen. Sie macht einen klugen und gebildeten Eindruck. Vermutlich hat sie Haltung, Stil und Charakter. So wie ich sie einschätze, kann man mit ihr Pferde stehlen. Unsere Blicke treffen sich erneut. Soll ich es tatsächlich wagen?

Vielleicht hat sie ja einen Freund – oder wartet auf ihren Mann. Meine Gedanken fahren Achterbahn. Vielleicht findet sie mich ja gar nicht attraktiv. Sie könnte mir einen peinlichen Korb geben – vor den anderen Gästen, hier, mitten in der Fußgängerzone.

Minuten vergehen. Während ich so überlege, steht auf der anderen Seite des Cafés ein anderer Mann auf. Er geht auf sie zu, noch etwas unsicher, spricht sie an. Sie reagiert überrascht, lässt sich dann allerdings auf das Gespräch ein. Ich kann nur Wortfetzen aufschnappen. Die beiden finden sich offenbar sympathisch.

Tja. Wer vertraut und sich was traut, hat mehr vom Leben! Zum Glück haben wir alle mehrere Chancen. Als ich Jahre später meiner Frau begegnete, agierte ich immer noch vorsichtig, taxierend. Doch Alexandra gab sich ungeschützt, verletzlich. Und das, obwohl sie in ihrer vorherigen Beziehung eine herbe Enttäuschung erlebt hatte. Ich danke ihr noch heute für ihre Bereitschaft, sich derart zu öffnen. Denn ich bin nicht sicher, ob wir ohne ihr erneutes Vertrauen je zueinandergefunden hätten.

Ohne Latschen in die Dusche gehen

Eigentlich ist die Sache nicht kompliziert: Falls wir uns nach Freunden oder einem Herzenspartner sehnen, wäre es doch ratsam, einfach nach einem Menschen Ausschau zu halten, den wir sympathisch oder anziehend finden, unser Interesse zu bekunden, und bei einem der nächsten 30 wird es schon auf Gegenseitigkeit treffen.

Doch in der Praxis ist es erfahrungsgemäß nicht ganz so leicht. Wir möchten uns gerne einlassen – doch dann kommen alte Erinnerungen und tief sitzende Ängste in uns hoch, und wir werden vorsichtig. Wir denken: Uiuiuiui, das könnte auch schiefgehen. Da war doch schon mal diese oder jene Zurückweisung. Ich bin schon mal verlassen worden. Manch einer hat das sogar schon bei Vater oder Mutter erlebt. Wir wünschen uns Nähe und fürchten die Zurückweisung und Enttäuschung. Was, wenn sie mich an sich heranlässt, dann aber wieder einen Rückzieher macht? Was, wenn die Liebe nicht trägt, sondern irgendwann einfach verpufft?

Wer in dieser Haltung lebt, lässt das Glück nur durch einen Schutzanzug an sich heran. Sicher, manche der Ängste, Zweifel, Bedenken sind durchaus realistisch. Aber viele andere sind nur Geschichten, die wir uns selber erzählen, um unsere Distanzhaltung zu rechtfertigen. Wir errichten einen Schutzwall zwischen uns und unseren Möglichkeiten, an dem beinahe jeder scheitert, der auch nur halbwegs infrage käme.

Selbst in existierenden Partnerschaften lassen wir oft keine echte Nähe zu, aus Sorge, wir könnten verletzt werden oder die Nähe könnte wieder verschwinden. Dabei verhält es sich in Wahrheit genau umgekehrt. Solche Schutzstrategien verstärken die Isolation eher.

Zugegeben: Manchmal ist es wirklich nicht so einfach. Aber erstaunlich oft gibt es einen direkten Weg, den du einfach gehen könntest. Du könntest mal wieder ohne Badelatschen in die Dusche gehen, trotz des Risikos, auch mal auszurutschen. Trotz deiner Ängste, trotz deiner Zweifel.

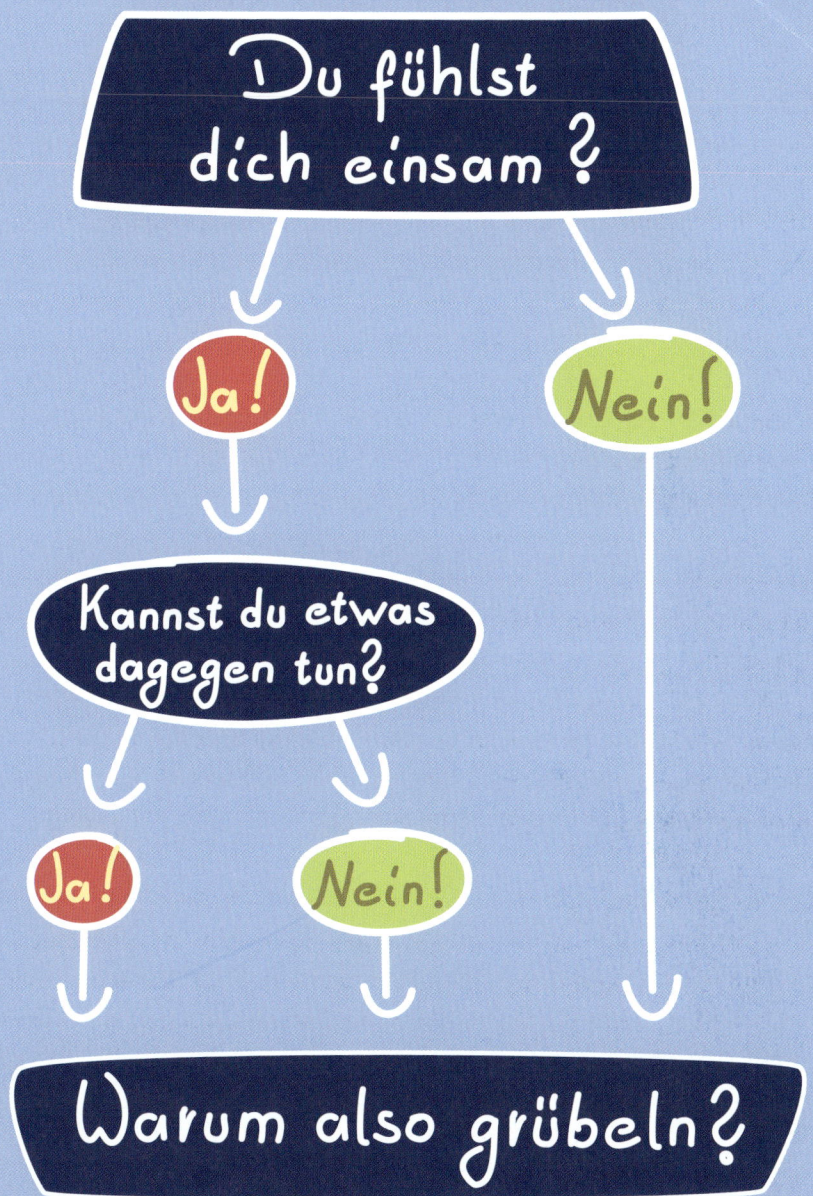

Meiner! Meine!

Wir neigen dazu, Menschen zu vereinnahmen, die uns nahestehen. Wenn eine andere Person schon lange mit unserer Persönlichkeit und unserem Leben verwoben ist, wird aus dem »Sie gehört zu mir« mehr oder weniger bewusst oft eine Haltung, die eher einem »Sie gehört mir« entspricht. »Das ist meine!« »Das ist meiner!«

Da dieser Besitzanspruch unsere Identität bereichert und uns Sicherheit gibt, tut uns diese oft wechselseitige Definition über den anderen zunächst einmal oft gut. Wir fühlen uns wichtig und spüren durch die Augen des anderen, dass wir da sind. Doch wenn die Beziehung aus irgendeinem Grund zerbricht, kann uns diese Einstellung in eine tiefe Krise stürzen. Wir reagieren wütend, traurig oder verwirrt, weil wir meinen, unser »Eigentum« dürfe sich nicht ohne unsere Zustimmung entfernen. Manche versuchen dann eifersüchtig, ihren Besitzanspruch aufrechtzuerhalten. Andere stürzen in eine große Leere.

Wahres Vertrauen in und nach einer Beziehung bedeutet, sich immer wieder neu freizugeben und die stetige Veränderung als universelles Grundgesetz zu betrachten. Dem Fluss des Lebens zu vertrauen.

Wir können eine Änderung der Liebe auch als Aufforderung betrachten, die Beziehung auf anderer Ebene weiterzugestalten. Natürlich kann es eine Weile dauern, bis der Verlust verarbeitet ist, doch vielleicht gelingt es dann, der gescheiterten Beziehung einen anderen und vielleicht reiferen Rahmen zu geben. Dazu braucht es dann Selbstvertrauen, also den Glauben an die eigenen Fähigkeiten und Möglichkeiten, wie zu Beginn des Buches beschrieben.

Alles im Griff

Mangelndes Vertrauen kann zu heftigen Anspannungen führen. In Partnerschaften zeigt sich das oft besonders deutlich. Wenn ich dem anderen nicht vertraue, werde ich dazu neigen, ihn immer im Auge behalten zu wollen. Ich will dann vielleicht immer darüber informiert sein, wo er sich gerade aufhält und mit wem er gerade im Kontakt ist. Solch ein Vertrauensvakuum kann eine Beziehung so weit untergraben, dass sie daran zerbricht.

Wenn sich das Misstrauen einmal eingeschlichen hat, kann es verdammt schwer sein, die Kontrolle wieder aufzugeben und wieder zu vertrauen. Doch je mehr du kontrollierst und klammerst, desto leerer wirst du dich fühlen. Je mehr du forderst, desto weniger wirst du bekommen. In der Liebe können wir nichts erzwingen. Was geschehen soll, das geschieht. Was gehen will, das geht. Was bei dir sein will, das bleibt oder kommt aus freiem Willen zu dir zurück.

Wenn du tatsächlich anfängst, all das, woran du dich geklammert hast, loszulassen, kann zunächst ein Gefühl innerer Leere entstehen.

Doch vielleicht begreifst du dann, dass es Dinge gibt, die du nicht ändern kannst, auch wenn du es dir noch so sehr wünschst, auch wenn es noch so wehtut. So kannst du dich allmählich aus den Ängsten und Zweifeln befreien und das Vertrauen in deinen eigenen Weg wiederfinden.

Vertrauen statt Ego

Was ist dir lieber: eine Partnerin oder ein Partner, der/die dich bewundert, oder ein Gegenüber, das dich in deiner Entwicklung unterstützt? Ist es dir wichtiger, dass dein Ego gestreichelt wird, oder darf dich der andere auch mal an deine Grenzen bringen, weil du weißt, dass du daran wachsen und reifen kannst?

Die meisten Menschen wünschen sich eher Ersteres. In vielen Beziehungen sollen die Partner eine beinahe religiöse Rolle übernehmen: Sie sollen uns vor dem Übel in der Welt beschützen, uns bedingungslos lieben sowie immer wieder aufrichten und Glück bescheren. Damit geht die Erwartung einher, eine gute Beziehung sei immer harmonisch und reibungsfrei. Wie wir alle wissen, spielt das Leben jedoch in der Regel anders, was zu viel Enttäuschung und Leiden führt.

Manche Menschen wissen das und sind klug genug, nach anderen Kriterien zu suchen. Sie streben nach einer vertrauensvollen Partnerschaft auf Augenhöhe. Wenn wir uns selbst und dem Leben vertrauen, dann haben auch Reibung und Herausforderung einen Platz, weil unser Partner uns nicht heiligsprechen soll, sondern neben unseren Stärken und dem, was gut gelingt, auch wohlwollend und wertschätzend Fehler benennen und Dinge infrage stellen darf.

Wenn du also deinen Partner liebst und dir zufriedene Mitmenschen wünschst, dann werde zu einem Menschen, der mit sich selbst im Reinen ist. Versuche, selbst so zu sein, wie du es dir vom anderen wünschst: ein Mensch, der im Vertrauen ist und Freude an und mit sich hat.

Warum wählen wir immer wieder die »Falschen«?

Vermutlich ist dir schon mal aufgefallen, dass sich Menschen immer wieder in ähnliche Charaktere verlieben. Dass sie sich in Beziehungen oft Partner aussuchen, mit denen sie die gleichen Muster durchmachen.

Warum ist das so? Manche Forscher behaupten, Männer würden ihre Partnerinnen nach Gesundheit und gutem Erbgut auswählen, während Frauen nach einem verlässlichen Versorger für ihre Kinder suchen. Es gibt Studien, die darauf hinweisen, dass bei der Partnerwahl die Unterschiedlichkeit des Geruchs und des Immunsystems eine zentrale Rolle spielen könnte. Andere Untersuchungen kommen zu dem Ergebnis, dass wir unsere Partner nach optischen Entsprechungen auswählen. Ein weites Feld der Hypothesen und Theorien also.

Nach Gesprächen mit vielen Fachleuten bin ich mir sicher, dass wir einen Partner auch deshalb auswählen, weil er wie ein perfekt geformter Schlüssel in das Schloss unserer Verhaltensmuster passt. Wir suchen nach Partnern, die unsere ursprünglichen Erfahrungen umkehren oder wiederholen. Als Beispiele nenne ich in meinen Seminaren gerne:

- Wenn wir uns selbst ablehnen, suchen wir uns jemanden, der uns ablehnt.
- Wenn wir mit der Opferrolle vertraut sind, halten wir Ausschau nach jemandem, der eher nimmt.
- Wer als Energievampir durchs Leben segelt, schnappt sich jemanden, der eher gibt.
- Wer einen verheirateten Partner wählt, hat möglicherweise Angst vor einer Bindung oder Angst vor einer erneuten Enttäuschung.
- Wer unverbindlich agierende Partner vorzieht, hat vielleicht gelernt, Liebe mit Unsicherheit und der Angst vor dem Verlassenwerden zu verknüpfen.
- Wer ältere Partner auswählt, ist vielleicht auf der Suche nach der Geborgenheit und Sicherheit, die man bei einem Elternteil empfunden hat.
- Wer in einer Beziehung mit einem Suchtkranken lebt, versucht vielleicht, ihn/sie zu retten, oder meint, es nicht besser verdient zu haben.

Lange Zeit habe ich mich gefragt: Kann man diesen Schloss-Schlüssel-Mechanismus umgehen und dadurch das Wiederholen alter Beziehungsmuster vermeiden? Mittlerweile bin ich fest davon überzeugt, dass es tatsächlich geht. Doch es erfordert – wie bei jeder Verhaltensänderung – eine gewisse Entschlossenheit und Übung. Der erste Schritt besteht darin, dass wir uns die eigene »Partner-Biografie« ansehen:

- Welche Partner habe ich bisher gewählt?

- Welche Erfahrungen habe ich mit ihnen gemacht?
- Worauf basierte meine Partnerschaft überwiegend: auf Vertrauen oder Abhängigkeit?
- Welche Eigenheiten und Verhaltensmuster hatten meine Partner?
- Was hat mir bei ihnen den »Kick« gegeben?
- Woran sind meine Beziehungen bisher gescheitert?
- Welchen Partner brauche ich, um Vertrauen, Zuneigung und Liebe zu empfinden?
- Wie könnten meine neuen Auswahlkriterien aussehen?

Eine funktionierende Partnerschaft konnte ich erst finden, als ich meine Verhaltensmuster und mein typisches Beuteschema erkannte. Als ich mich bewusst dagegen entschied. Ich suchte ganz bewusst eine Frau, auf die ich weniger abhängig reagierte als auf jene Frauen, mit denen die Beziehung stets im völligen Chaos endete. Stattdessen suchte ich eine Partnerin, mit der ich mich gut verstand, der ich vertrauen konnte. So gut, dass wir eine belastbare Basis auf die Beine stellen konnten, die nicht überwiegend von mustergültiger Prägung getrieben wurde. Und – so verrückt es auch klingen mag – es funktioniert. Seit beinahe 20 Jahren überstehen wir gemeinsam so manchen Sturm – wir streiten, lieben und vertrauen uns.

Tipp: Auf Dauer sind Kommunikation und Vertrauen in einer Partnerbeziehung die belastbareren Werte. Auf diese Weise könntest du mal ein wenig experimentieren, dich zum Beispiel mit potenziellen Partnern treffen, die dich nicht gleich in wilde und mustergeprägte Ekstase versetzen, sondern ein tiefes Vertrauen in dir wecken. Das bewahrt dich auf jeden Fall davor, wieder auf die alten Treiber anzuspringen, darüber dem immer gleichen Magnetismus von Schloss und Schlüssel zu erliegen.

Nur 25 Worte …

In den USA gibt es häufig liebevoll beschriftete Parkbänke. Wenn ich dort bin, setze ich mich gerne auf diese Bänke und denke darüber nach, dass ich später auch mal eine Bank mit meiner Inschrift haben möchte. Dann könnte sich jeder zu mir setzen, dem ich wichtig war oder der mit mir reden möchte.

Nur selten hat man eine Ahnung davon, welche Geschichte hinter den Gedenksprüchen steckt. Bei einem Schild hingegen, das ich vor einigen Jahren im Süden Floridas fotografiert habe, ist die Inschrift eindeutig und hat mich zutiefst berührt.

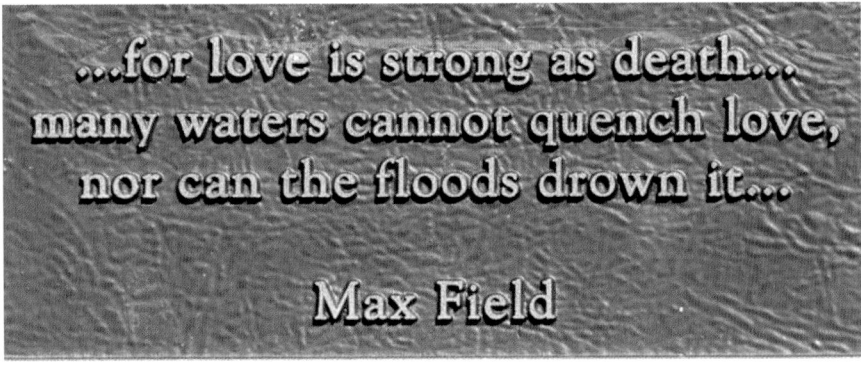

»… denn Liebe ist stark wie der Tod …
Noch so viele Wasser lassen die Liebe nicht verlöschen,
selbst Überschwemmungen lassen sie nicht untergehen …«

Ich stelle mir vor, wie unermesslich tief die Liebe zwischen Max und Alice gewesen sein muss, wie intensiv sie ihre Zeit miteinander genossen haben, wie sehr er sie nach ihrem Tod vermisst hat.

Vor mehr als 400 Jahren durchlebte der französische Philosoph Michel de Montaigne eine ähnlich schwere Zeit. Nach dem frühen Tod seines besten Freundes war er am Boden zerstört. Der sonst so ironische und leichtfüßige Mann goss seinen tiefen Schmerz in einen der schönsten Sätze über Freundschaft, die ich jemals gelesen habe:

»Freundschaft ist, dass wir ineinander aufgehen und die Naht, die uns verbindet, nicht mehr finden.«

Wir können uns jeden Tag klarmachen, dass dies unser letzter Tag sein könnte. Heute könnte der letzte Tag sein, den wir mit unseren Lieben verbringen. Was würdest du heute tun, wenn dir das wirklich bewusst wäre?

Wir alle werden mit einer gemeinsamen Währung geboren: Zeit. Sie ist wie ein Schatzkästchen, das wir bei unserer Geburt in die Hände gedrückt bekommen. Wir wissen nie, wie viel in unserem Schatzkästchen noch drin ist. Eh wirs uns versehen, ist eine Woche, ein Monat, ein Jahr herum. Wann hast du dich das letzte Mal gefragt, wer und was in deinem Leben wirklich wichtig ist? Was hält dich davon ab, jetzt in diesem Augenblick dieses Buch aus der Hand zu legen und eine Weile darüber nachzusinnen? Und dann deine Lieben auch wissen zu lassen, was sie dir bedeuten?

Zu mir zurück

Gestern kam ich von einer langen Reise zurück. Kaum hatte ich daheim die Tür hinter mir zugemacht, zog von einer Minute auf die andere eine üble Erkältung in mir auf. Ich fing an zu zittern, meine Hände waren plötzlich schweißnass, und ich fühlte mich hundeelend.

Ich war zu nichts mehr fähig, als mich auf das Sofa fallen zu lassen. Zuerst war ich sehr unglücklich über meinen Zustand, doch nachdem meine Frau mich liebevoll zugedeckt hatte, meine Kinder sich besorgt nach mir erkundigt hatten und Ella zart ihren Kopf auf meinen Fuß legte, tat es mir plötzlich sehr gut, schwach zu sein. Endlich konnte ich mich mal wieder fallen lassen, ohne irgendwas zu mailen, zu sortieren oder zu klären. Mir wurde klar, wie tapfer ich Tag um Tag strampele, damit das Leben funktioniert, damit es weitergeht. Und wie es allen anderen um mich herum ähnlich geht.

Als ich meine Lieben und ihre Fürsorge so beobachtete, konnte ich mich diesem Zustand der Schwäche anvertrauen. Ich konnte mich zurücklehnen und daran erinnern, wie gut mir diese Phasen der Hilflosigkeit tun, weil sie mich zu mir selbst zurückbringen, in die Sanftheit, in die Geduld, in die Gemeinschaft.

Ein Pool für alle

Keith Davison aus Morris in Minnesota war 66 Jahre mit seiner Frau Evy verheiratet. Als sie 2016 an Krebs starb, stand der 94-Jährige plötzlich ganz allein, allein in einem viel zu großen Haus, allein in seinem Garten. »Man kann sich nicht vorstellen, wie sich das anfühlt«, hat Keith vielen Journalisten erzählt, die über seine Aktion berichteten. »Ich habe so viel geweint, einfach weil sie nicht mehr da ist.« Die drei Kinder des ehemaligen Richters wohnen nicht in der Stadt, er hat keine Enkelkinder. Nachdem er eine Weile unter seiner Einsamkeit gelitten hatte, hatte Keith die Stille und das Alleinsein satt und traf eine ungewöhnliche Entscheidung: Er beauftragte eine Baufirma, in seinem Garten einen Swimmingpool zu bauen, fünf Meter breit und zehn Meter lang sollte er sein. Allerdings nicht, um selbst darin zu schwimmen, sondern um endlich wieder Leben in sein Zuhause zu bringen. Als der Pool fertig war, lud er alle Kinder aus der Nachbarschaft mit ihren Eltern ein, darin zu baden. »Ich wusste, sie würden kommen«, sagt Davison mit seinem verschmitzten Lachen in einem Interview. Seitdem hat er nun regelmäßig Besuch. Die Kinder planschen, tauchen oder spielen Wasserball. Sogar ein Sprungbrett hat er installieren lassen. Und je lauter die Kinder toben, desto wohler fühlt er sich. »Keith bringt Freude für die Kinder der ganzen Nachbarschaft«, erzählt eine Nachbarin, die mit ihren vier Kindern gerne vorbeikommt. »Auf eine gewisse Art hat er alle unsere Kinder adoptiert. Das sind jetzt auch seine Enkelkinder.« Während die Kinder planschen, sitzt Keith glücklich im Schatten eines Baumes in seinem Gartenstuhl. Und ich stelle mir vor, wie er abends, wenn alle Kinder heimgegangen sind, in der lauen Abendluft auch selbst ein paar Bahnen zieht und dabei liebevoll an seine verstorbene Evy denkt.

Mutige Reise

Alles um uns herum ist im Fluss. Ein Kommen und Gehen. Ein stetiger Zyklus aus Geburt, Leben und Tod. Nichts ist für immer. Jede Zelle unseres Körpers wird regelmäßig erneuert. Und trotzdem glauben wir manches Mal, die Dinge um uns herum »einfrieren« zu können.

Wenn es uns jedoch gelingt, das Kommen und Gehen, die stetige Bewegung als Grundgesetz des Lebens liebzuhaben, kann uns das befreien. Dabei gibt es aus meiner Sicht zwei richtig gute Ratgeber: der eine ist die Lust, der andere ist die Angst. Was immer die beiden dir sagen, da solltest du hingehen. Die Lust zeigt dir deine wahre Ressource auf. Und die Angst signalisiert dir, dass du auf dem Weg dorthin eine echte Weiterentwicklung erfährst.

Hand in Hand mit der Lust und der Angst können wir furchtloser das Meer der wilden Abenteuer befahren. Wir können dabei nicht absehen, wie tief das Wasser ist. Wir können nicht abschätzen, wohin unser Mut uns führen wird, denn wir haben noch keine Seekarte. Wir könnten über Bord gehen und kopfüber in die Gischt stürzen! Können wir darauf vertrauen, dass unsere Schwimmkünste uns dann für eine Weile über Wasser halten? Wird uns ein unerschrockener Beobachter seine helfende Hand entgegenstrecken und uns wieder an Bord ziehen?

All das wissen wir nicht, wenn wir uns auf den Weg machen, doch mit dem Moment einer mutigen Entscheidung für das Neue und Mutige füllen wir unser Leben wieder mit interessanten neuen Herausforderungen, Gesprächen, Treffen und Kontakten. Manche kleine und bisher vermeintlich unwichtige Dinge werden nun relevant, anderes, was bisher groß und wichtig erschien, fällt weg. Wir lenken uns weniger ab, um bestimmte Gefühlszustände zu vermeiden, und blockieren uns weniger mit Befürchtungen, Zweifeln oder medialem Hirnkaugummi. Wir erinnern uns an das, was uns wirklich wichtig ist, und handeln entsprechend. So wie Keith mit seinem Swimmingpool, der darüber neuen Lebenssinn gefunden hat.

Ein gutes Gefühl

Mit diesen Zeilen geht »Gemeinsam bist du mehr« auf die Zielgerade. Wir sind an vielen Facetten der Zwischenmenschlichkeit vorbeigekommen, und ich bin mir sicher, dass auch für dich spannende Impulse dabei waren. Vielleicht hat dich der ein oder andere Gedanke sogar so sehr motiviert, dass du jetzt gleich anfangen möchtest, mehr Vertrauen und Gemeinschaft in dein Leben zu bringen.

Ich freue mich und beglückwünsche dich, wenn du voller Energie und Entschlossenheit denkst, jetzt sei die Zeit gekommen, zu handeln, mutig zu sein, dein Bestes zu geben, deinem Herzen zu folgen. Gleichzeitig rate ich dir: Lass es langsam angehen. Es ist nicht entscheidend, wie schnell du gehst, entscheidend ist, dass du dich auf den Weg machst. Wähle, wolle, wage, wiederhole. Such dir Leute, mit denen du über deine Themen sprechen kannst. Gemeinsam werdet ihr leichter weiterführende Infos, Blogs, Artikel, Podcasts und Mentoren zum Thema finden. Gleichgesinnte können dich in Phasen des Zweifels anspornen, und es macht einfach mehr Spaß, Dinge gemeinsam zu erforschen und gemeinsam durchzuhalten.

Wenn du ab und zu mal versucht bist, abzubrechen, dann schau genauer hin oder hole dir Unterstützung. Lass dich von Rückschlägen nicht entmutigen. Wenn du die Zeiten der Dürre und der Verunsicherung überstehst, wirst du gestärkt daraus hervorgehen, und dein Vertrauen in dich selbst, in deine Mitmenschen und das Leben insgesamt wird sich vertiefen. Ein gutes Gefühl.

Vierundfünfzig Jahre lang Sterne an den Himmel gehängt. Dann ein Sprung hindurch – wie das splittert!

Dōgen – Lehrer des japanischen Zen-Buddhismus (1200–1253)

Whakawhetai! DIAKUIU!
ARIGATÔ! Tänama! HVALA! Gracias!

Vielleicht steht mein Name vorne auf dem Cover, doch nur gemeinsam konnte das Buch zu dem werden, was du in deinen Händen hältst. Ich konnte auf ein wundervolles Netzwerk und meine über viele Jahre gewachsene Seelenfamilie vertrauen. Tolle Menschen waren meine Stützen und Inspiration, während dieses Buch entstand. Sie haben meine schlechte Laune ertragen, wenn ich manches Mal festhing, nichts mehr ging. Sie haben mich jubilierend erlebt, wenn die Dinge sich entfaltet haben. Danke an die einzigartige Dorothee Krüger, an Reiner Bergmann, Nayoma de Haen, Carlo Günther und Andreas Klaus. Ri-Ra-Riesen-Reiner hat das Buch mit Hunderten von Pinselstrichen liebevoll gestaltet. Andreas Klaus und Carlo Günther haben *Gemeinsam bist du mehr* sanftmütig betreut. Alleine ihr Vertrauen in meine Arbeit hat etwas Großes bewirkt. Ich konnte befreit aufspielen und dabei alles geben. Nayoma hat diese Zeilen in bewährter Weise liebevoll lektoriert. Sie hat mich gefordert, an meine Grenzen gebracht, das Beste aus mir herausgeholt. Auch euch allen: DANKE! ☺

Nun ist es an der Zeit, auch dir, liebe Leserin, lieber Leser, Danke zu sagen. Danke, dass du dir die Zeit genommen hast, dich auf dieses Buch einzulassen. Danke für die Bereitschaft, neue Sichtweisen und Empfindungen in dein Leben zu lassen.

Wenn dir unsere gemeinsame Arbeit gefallen hat, würde ich mich über eine kurze Rezension bei Amazon freuen. Dann wissen potenzielle Leser, was sie erwartet. Und falls dir in diesem Buch ein Gedanke fehlt oder du bessere oder andere Erkenntnisse haben solltest, lass es uns gerne wissen: info@lynen.info
Lots of love, bis demnächst mal wieder, irgendwie, irgendwo, irgendwann!

Zugabe I: Krude Zeit

Wir leben in einer »kruden Zeit«, wie Herbert Grönemeyer es in einem seiner Songs so treffend formulierte, in einer epochalen Scharnierphase, einer Zeit der rasenden Veränderung, die vermutlich noch weiter an Tempo zunimmt. Eine Zeit, die uns vor große Herausforderungen stellt. Der Menschenrechtler Vaclav Havel fand dafür wundervolle Worte: »Man spürt, wie sich etwas Grundsätzliches verschiebt und langsam stirbt, während etwas anderes geboren werden will. Ich denke, es gibt gute Gründe für die Annahme, dass das moderne Zeitalter zu Ende geht. Es gibt heutzutage viele Hinweise darauf, dass wir uns in einem Übergangsstadium befinden, es sieht so aus, als ob etwas auf dem Weg hinaus ist und als ob etwas anderes unter Schmerzen geboren wird. Es ist so, als ob etwas taumelt, schwankt, schwindet und sich selbst erschöpft – während sich etwas anderes, noch Unbestimmtes, langsam beginnt aus den Trümmern zu erheben.«

Bei aller Herausforderung, die für uns in dieser Zeit und diesem Prozess steckt; vermutlich gibt uns dieser beachtliche Wandel auch die Chance, daran zu wachsen, die Probleme der Menschheit an einer deutlich erkennbaren Weggabelung vielleicht sogar zu lösen. Ob Völkerwanderung, Klimaveränderung, weltweiter Terrorismus oder andere von Menschenhand gemachte Effekte; es wird immer deutlicher, dass wir uns persönlich und gemeinsam entwickeln und unser Wissen vernetzen müssen, um diese beachtlichen Herausforderungen zu bewältigen.

Gibt es also etwas, das wir alle tun können, um der Zukunft im stetigen Wandel ohne Angst zu begegnen? Ja, ich denke, da gibt es etwas. Wir können tun, was uns im Laufe der menschlichen Entwicklung immer wieder gelungen ist: uns einander zuwenden, uns selbst und anderen mehr zutrauen, miteinander reden, voneinander lernen und daran wachsen – im Vertrauen darauf, dass wir Menschen schon so viel Schönes zusammen erschaffen haben.

Jeder von uns hat die Möglichkeit, dazu beizutragen, unsere nächste Evolutionsstufe mitzugestalten. Gemeinsam sind wir kraftvoll und kreativ genug, um die Welt zu erschaffen, die wir uns wünschen.

Zugabe II: Ein Brief von Albert Einstein

Als ich die Relativitätstheorie vorschlug, verstanden mich nur sehr wenige, und was ich dir jetzt zeigen werde, um es der Menschheit zu übertragen, wird auch auf Missverständnisse und Vorurteile in der Welt stoßen. Ich bitte dich dennoch, dass du es die ganze Zeit, die notwendig ist, beschützt, Jahre, Jahrzehnte, bis die Gesellschaft fortgeschritten genug ist, um das, was ich dir als Nächstes erklären werde, zu akzeptieren.

Es gibt eine extrem starke Kraft, für die die Wissenschaft bisher noch keine formelle Erklärung gefunden hat. Es ist eine Kraft, die alle anderen beinhaltet und regelt und die sogar hinter jedem Phänomen ist, das im Universum tätig ist und noch nicht von uns identifiziert wurde. Diese universelle Kraft ist Liebe.

Wenn die Wissenschaftler nach einer einheitlichen Theorie des Universums suchten, vergaßen sie dabei die unsichtbare und mächtigste aller Kräfte.

Liebe ist Licht, da sie denjenigen, der sie gibt und empfängt, beleuchtet. Liebe ist Schwerkraft, weil sie einige Leute dazu bringt, sich zu anderen hingezogen zu fühlen.

Liebe ist Macht, weil sie das Beste, was wir haben, vermehrt und nicht zulässt, dass die Menschheit durch ihren blinden Egoismus ausgelöscht wird. Liebe zeigt und offenbart. Durch die Liebe lebt und stirbt man. Liebe ist Gott, und Gott ist die Liebe.

Diese Kraft erklärt alles und gibt dem Leben einen SINN in Großbuchstaben. Dies ist die Variable, die wir zu lange ignoriert haben, vielleicht, weil wir vor der Liebe Angst haben, weil es die einzige Macht im Universum ist, die der Mensch nicht gelernt hat, nach seinem Willen zu steuern.

Um die Liebe sichtbar zu machen, habe ich einen einfachen Austausch in meiner berühmtesten Gleichung gemacht. Um die Welt durch Liebe zu heilen, kann man durch die Liebe multipliziert mal der Lichtgeschwindigkeit hoch Quadrat zu dem Schluss kommen, dass die Liebe die mächtigste Kraft ist, die es gibt, weil sie keine Grenzen hat.

Nach dem Scheitern der Menschheit in der Nutzung und Kontrolle der anderen Kräfte des Universums, die sich gegen uns gewendet haben, ist es unerlässlich, dass wir uns von einer anderen Art von Energie ernähren. Wenn wir wollen, dass unsere Art überleben soll, wenn wir einen Sinn im Leben finden wollen, wenn wir die Welt und alle fühlenden Wesen, die sie bewohnen, retten wollen, ist die Liebe die einzige und letzte Antwort.

Vielleicht sind wir noch nicht bereit, eine Bombe der Liebe zu machen, ein Artefakt, das mächtig genug ist, den gesamten Hass, Selbstsucht und Gier, die den Planeten plagen, zu zerstören. Allerdings trägt jeder Einzelne in sich einen kleinen, aber leistungsstarken Generator der Liebe, deren Energie darauf wartet, befreit zu werden.

Wenn wir lernen, liebes Lieserl, diese universelle Energie zu geben und zu empfangen, werden wir herausfinden, dass die Liebe alles überwindet, über alles transzendiert und alles kann, denn die Liebe ist die Quintessenz des Lebens.

Ich bedaure zutiefst, nicht in der Lage gewesen zu sein, um das auszudrücken, was mein Herz enthält, das leise mein ganzes Leben für dich geschlagen hat. Vielleicht ist es zu spät, mich zu entschuldigen, aber da die Zeit relativ ist, muss ich dir sagen, dass ich dich liebe und dass ich, dank dir, bis zur letzten Antwort gekommen bin.

Dein Vater

(Dieser Brief wird Albert Einstein zugeschrieben, der Urheber ist allerdings nicht zweifelsfrei geklärt.)

Zugabe III: Dem Zufall vertrauen?

Gastkapitel von Christine Keidel-Joura, www.astrologie-schule-bremen.de

Ich arbeite als Astrologin in Bremen. Als ich meinen Partner Georg kennenlernte, fiel mir auf, dass er am 1. Juli geboren worden war. Neugierig, wie ich nun mal bin, sah ich in meinen Astrologie-Dateien nach, wer eigentlich noch so am 1. Juli geboren wurde. Was mir sofort besonders ins Auge sprang: Die Schriftstellerin George Sand war ebenfalls am 1. Juli auf die Welt gekommen. Und deren Liebesleben gestaltete sich nicht gerade normal. Bekannt ist vor allem ihre Beziehung mit Frédéric Chopin, eine intensive Bindung und Hassliebe, die zehn Jahre andauerte, wobei Chopin kurz nach der Trennung von George Sand verstarb.

Ich staunte nicht schlecht, als ich die Konstellationen von meinem Georg mit denen von George Sand verglich. Nicht nur der Name und der Geburtstag stimmten überein. Auch Sonne, Merkur, Venus und Mars befanden sich exakt auf derselben Position im Tierkreis. Zudem gab es noch weitere wichtige Berührungspunkte.

Dieser Gedanke wurde eisenhart bestätigt, als Georg vor Kurzem einen Unfall hatte. Er fuhr hier in Bremen mit seinem Fahrrad bei Grün über die Ampel, als er von einem Auto erfasst wurde, dessen Fahrer nicht gemerkt hatte, dass seine Ampel rot war. Bis heute kann der Fahrer des Wagens sich nicht erklären, wie es zu dem Unfall kommen konnte. Außer einer Gehirnerschütterung und ein wenig Blechschaden ist Gott sei Dank nichts passiert.

Im Krankenhaus sagte mein Georg dann zu mir: »Ich hatte eine Begegnung mit Chopin.« Ich war zunächst verwundert, wusste nicht, was er meinte, doch dann stellte sich heraus: Der Fahrer des Wagens hieß tatsächlich Chopin! Das alles klingt vielleicht ziemlich irre, ist aber so. Sollte jemand daran zweifeln, kann er gerne die Polizei- oder Krankenhausakten einsehen. Wie groß ist bitte schön ist die Wahrscheinlichkeit, in Norddeutschland bei einem Unfall von jemandem erfasst zu werden, der Chopin heißt? Vermutlich so etwas um die 1:2 Millionen. Seltsames Karma. Ich hoffe sehr, die beiden sind jetzt quitt … ☺

Ach so, ja – vielleicht hilft dir diese kleine Geschichte ja ein Stück weit, einen höheren Sinn in all dem zu erkennen, was dich jeden Tag so umgibt. Dem Universum ein wenig mehr zu vertrauen – oder auch nicht. In jedem Fall möchte ich dir meinen Lieblingssatz schenken, der mir in diesem Zusammenhang über viele Jahre immer wieder geholfen hat:

»Dann ist das jetzt so.«

Wundervolles Leben noch!

Über den Illustrator

Als Illustrator kommt für Patrick Lynen nur einer infrage: Reiner Bergmann aus Aachen. Die beiden haben sich im Rahmen ihrer Beratungsarbeit für ein großes Automobilunternehmen kennengelernt. In zahlreichen Gesprächen, teils am Kaminfeuer in der Einsamkeit der Vulkaneifel, sind die Seiten für dieses Buch entstanden. Patrick über Reiner: »Ein positiv Verrückter, ein herzensgutes Genie!«

Über den Autor

Patrick Lynen ist einer der führenden Experten für Potenzialentfaltung und Autor zahlreicher Bücher über Persönlichkeitsentwicklung. Er besitzt die Fähigkeit, in kürzester Zeit die Potenziale in Menschen zu erkennen und freizulegen. Als Coach, Trainer und Autor bringt er selbst die heikelsten Themen mit Kraft, Authentizität, Humor und Wertschätzung auf den Punkt.

Mehr Infos und Impulse findest du hier:
www.facebook.com/lynen.patrick
www.dascoachingradio.de
www.lynen.com
www.locker-leben.de

Übrigens ...

Dir hat das Buch von Patrick gefallen?

Dann schnupper doch auch mal in seinen täglichen Video-Kurs rein.

- Der Kurs ist ein Angebot für alle, die in ihrem Leben nicht stehen bleiben wollen, die bereit sind für einen persönlichen Quantensprung zu mehr Lebensqualität.
- Ein einzigartiges Video-Coaching, das jeden Morgen frisch in dein E-Mail-Postfach purzelt.
- Die Impulse sind jederzeit und überall verfügbar, du kannst sie in aller Ruhe am heimischen PC, am Smartphone oder am iPad nutzen. Wenige Minuten am Tag genügen, um kontinuierlich zu wachsen.

Alle Infos findest du unter: www.gemeinsam-bist-du-mehr.de

Stimmen zum Buch

Cyriak Röding – Starinvestor im Silicon Valley
Ich danke Patrick noch heute für manch wertvollen Impuls auf meinem Weg.

Stefan Scheurer – SWR3, Deutschlands Pop-Radio Nummer 1
Eine große Liebe für Sprache und Menschen. Und ein Buch, das man gerne liest.

Martin Sacht – CEO SACHT CONSULTING Bonn
Patrick hat alles, was einen außergewöhnlichen Menschen ausmacht. Er ist auf sehr sympathische Weise entspannt, humorvoll, pointiert. Wegweisende Gedanken, die man gerne liest.

Tobias Geißner – Dipl.-Psychologe, Fachgebietsleiter an der ARD.ZDF medienakademie
Ein wundervolles Buch. Geistreich, informativ, motivierend.

Dorothee Krüger – Schauspielerin und Sprecherin
Dieses Buch ist eine Herzensangelegenheit – und das spürt man. Kluge Gedanken, die man sofort in seinen Alltag übertragen kann.

Torsten Schorn – WDR2, Stern TV, RTL Television
Patrick war niemals hochbegabt, überaus gebildet oder besonders gut aussehend. Doch mit ganz viel Ausdauer und der Bereitschaft zum Lernen hat er es geschafft. Das haben wir gemeinsam. Ein Buch mit tollen Denkanstößen!

Zozan Mönch – Redakteurin/Moderatorin bei Radio Bremen
Ein beeindruckendes Buch, das komplexe Sachverhalte federleicht erklärt.

Prof. Dr. Detlef Beeker, Cologne University of Applied Sciences
Was andere auf ein ganzes Buch verteilen, schreibt er auf einer Seite. Inhaltlich dicht, packend, motivierend.

Felix Klemme
Natürlich sein
Das ganzheitliche Life-Coaching-Programm

Was genau ist eigentlich Gesundheit? Warum fühlt sich jemand krank, der körperlich gesund ist? Und wie kann ich einen Zustand von Gesundheit und Zufriedenheit erreichen?

Über diese Fragen denkt Felix Klemme seit Jahren nach, und sie sind der Kern seiner Arbeit mit Klienten. In diesem Buch gibt er Ihnen die wesentlichen Tools an die Hand, um sich gesund zu ernähren, sinnvoll zu bewegen und Ihre Träume zu verwirklichen.

»In seinem Buch ›Natürlich sein‹ stellt Felix Klemme das von ihm entwickelte Life-Coaching-Konzept ›Natural Network‹ vor — ein Leitfaden für alle, die sich auf ganzheitliche Weise mit sich selbst beschäftigen und ihr Leben nachhaltig verändern möchten.«
buch aktuell

Jens Corssen, Thomas Fuchs
Familienglück
Wie wir durch Anerkennung eine erfüllte Eltern-Kind-Beziehung erreichen

Jens Corssen und Thomas Fuchs kombinieren das Beste aus ihrer Arbeitspraxis zu einem neuen Coaching-Konzept für Eltern und Kinder: Sich im Hier und Jetzt um eine gute Gestimmtheit bemühen, anstatt eigene Wünsche und Erwartungen auf den Partner oder die Kinder zu projizieren, ist der eine Schlüssel für ein harmonisches Familienleben. Also: Mehr Gegenwart leben als Zukunft planen! Der andere ist, eine Geisteshaltung zu entwickeln, mit der es gelingt, Worte der Wertschätzung und Anerkennung zu verwenden und jede Form der Entwertung des Partners und der Kinder zu vermeiden. Auf unterhaltsame Art, fundiert und mit vielen prägnanten Beispielen aus ihrer therapeutischen Praxis vermitteln die Experten Wege für gelingende Eltern-Kind-Beziehungen.

»Ein wirklich gut geschriebenes Buch mit vielen Beispielen aus der Praxis und guten Hinweisen und Empfehlungen. Super spannend! Mit Sicherheit kann jeder einen guten Tipp für das eigene Familienleben mitnehmen.« Bookreviews.at

KNAUR
BALANCE